오빠 생각과 아욱국

오빠 생각과 아욱국

1판 1쇄 발행 2025년 7월 20일

지은이　유혜자
발행인　이선우
발행처　도서출판 선우미디어
　　　　등록 | 1997. 8. 7 제305-2014-000020
　　　　02643 서울시 동대문구 장한로 12길 40, 101동 203호
　　　　☎ 2272-3351, 3352 팩스: 2272-5540
　　　　sunwoome@daum.net greenessay20@naver.com
　　　　Printed in Korea ⓒ 2025. 유혜자

값 15,000원

※ 잘못된 책은 바꿔 드립니다.
※ 저자와 협의하여 인지 생략합니다.
※ 저작권법에 따라 무단 전재와 복제를 금합니다.

ISBN 978-89-5658-800-1 03810

오빠 생각과 아욱국

유혜자 수필집

책머리에

먼 길 돌아가는 철새처럼

가을이면 따뜻한 섬으로 날아가는 일본의 어느 철새가 가까운 해상(海上)을 두고도 먼바다로 돌아가는 이유를 조류학자들이 알아냈다. 그 바다 밑에는 섬이 이어져 있다가 가라앉은 곳이었다. 조상들이 다니던 먼 해상으로 다니는 철새처럼 옛일을 그리워하며 변화에 약삭빠르지 못한 아날로그 인생을 살고 있다. 급속한 발전에 뒤처져 살면서도 마음속의 애잔한 피리 소리를 잠재우려고 글을 써왔다.

최근 병상에서 문우가 보내준 동치미로 입맛을 되찾았다. 19번째가 되는 이 책에는 젊은이들이 전설처럼 여길 글도 많지만, 동년배들이 동치미로 여기고 애틋한 향수에 잠기면 좋겠다는 욕심을 감출 수 없다.

편의상 단락을 5부로 나누고, 부록을 넣었다. 1부에는 밝고 희망적인 제언의 글이 많고 2, 3부에는 시대적인 변화가 배경인 글, 4부에는 종래의 수필집에서처럼 작고한 위인과 스승을 기리는 마음이 담긴 글과 최근 돌아간 수필가들의 면모를 그리워하는 마음으로 쓴 글을 곁들였다. 5부에는 즐겨 쓰던 음악에세이와 세월의 낙수를 담았다. 그리고 인기 잡지처럼 부록을 함께 했다. 30년 동안 천착했던 음악에세이 6권 중에서 두 번째로 펴낸 《차 한 잔의 음악읽기》에 대한 최원현 님(수필가, 평론가, 한국수필가협회 명예이사장)의 평설이 음악에세이에 대한 안내 역할을 해줄 것이다.

  책을 품격 있게 꾸며주신 선우미디어의 이선우 대표에게 감사한 마음을 전하고 싶다.

2025년 7월에

芝石 柳惠子

차례

책머리에 | 먼 길 돌아가는 철새처럼 · 4

1
샘솟는 기쁨은 감격에서 · 12
시절 인연 · 15
가능할 꿈의 세계를 – 고전에게 길을 묻다 · 18
귀뚜라미의 전설 · 22
역광의 아름다움 · 26
언제까지나 술래 · 30
못다 한 말들 · 34
아직은 · 37
소강상태를 기다리며 · 41
성 쌓고 남은 돌 · 45
남기고 싶은 것은 · 49
기쁜 날 · 53
나만의 길 · 57

2

광개토대왕과의 대화 · 62
과녁을 향하여 · 66
미리 써놓은 편지 · 70
어떤 목소리 · 74
언제까지 짝사랑인가요 · 78
짧은 강, 긴 얘기 · 82
종이책의 미래 · 87
저는 거기 없어요 · 91
유언비어와 진실 · 95
역전을 위하여 · 98
자화상 그리기 · 102

3

수필 속의 나 · 106
아직도 유일한 · 110
돌과의 동행 · 112
상상력을 돋우는 신화 · 116
남은 자들의 의무 · 120
대리만족을 꿈꾸며 · 124
속도를 늦출 수 있다면 · 128
기다림과 희망 · 131
돌하르방 · 134
유쾌함 옮겨 받기 · 138
섣달의 편지 · 142

4

원형 무지개 · 148

오빠 생각과 아욱국 · 152

세한도 속의 한 그루 나무 되어 · 156

잊히지 않는 노래와 · 160

한국수필 속의 기행 수필 · 162
　－ 조경희의 여행기 《가깝고 먼 세계》를 중심으로

현대판 신사임당 · 171
　－ 고임순(高琳順) 선생님

수월 숲의 방풍림처럼 · 175
　－ 고동주 선생님 추모

감성과 이성을 겸비한 교장선생님처럼 · 178
　－ 청하 성기조(靑荷 成耆兆) 회장님

이경희 수필가의 작품 경향과 〈대춘부〉 소고 · 181

어느 열차를 타셨나요 · 188
　－ 정혜옥 선생님 추모

5

끝이 아닌 저녁노을 · 194
후회의 선율 · 198
어떤 측은지심으로 · 202
해바라기들의 합창 · 206
여수의 자락에서 · 210
이색 축제 · 214
강보다는 호수에 · 218
운이 좋아서 · 222
아르페지오네 소나타를 꿈꾸며 · 226
마법의 양탄자처럼 · 230
다양한 소재 탐구와 변화를 추구하며 · 234
    -문학 수업 나는 이렇게 했다
'후제'의 힘으로 · 241

부록

최원현 | 본격 테마 수필의 정수,
음악의 바다에서 건져 올리는 문학 편지 · 243

샘솟는 기쁨은 감격에서

"오늘 우리 집으로 가자. 해방이 됐단다."

그 옛날 피난 갔을 때, 고향하늘에 떠돌던 무서운 비행기 소리는 멀어졌으나 아버지와 떨어져 쓸쓸하고 친구도 보고 싶던 차에 산모롱이를 돌아서 물 길으러 가는 어머니를 자주 따라다녔다. 여느 날보다 일찍 일어나 어머니와 함께 샘터로 가노라니 '일찍 일어나는 우리 딸 예쁘기도 하지'라며 평소에 안 하던 칭찬을 하는 어머니에게 좋은 일이 있는 것으로 짐작하는데 "오늘 우리 집으로 가자. 해방이 됐단다."라고 거듭하시던 말씀이 잊히지 않는다.

2025년은 우리나라가 일제강점기에서 벗어난 지 80주년이 되는 해다. 80년 전 8월의 기쁨. 일제 말기 폭음을 내는 비행기 소음을 무서워하는 동생과 나는 할머니와 어머니의 등에 업혀 30리나 되는 친척댁으로 피난을 갔었다.

새해를 맞는다는 것은 해방, 광복이라는 역사적인 기쁨만큼은 아니더라도 저조했던 묵은해보다 나아지리라는 기대와 희망을 걸 수 있기에 설레면서 기쁨으로 맞아야 할 것이다.

80년 전, '해방되었으니 우리 집에 가자'는 말을 듣고 감격해서 무거운 양동이 물을 들고 오는 것도 기뻤고, 샘물 주위의 모든 것이 아름다워 보였던 것이 생각난다. 바위틈에서 솟는 작은 샘물도 기쁘게 퐁퐁 솟는 것 같고 주변의 달개비꽃 빛깔도 더욱 고운 보랏빛으로 보였다. 식민지나 전쟁이라는 개념도 모르면서 피난 갈 때는 멀게만 생각되었는데 집으로 돌아오는 길은 기쁨에 들떠서 훨씬 가까운 것 같아 어른 등에 업히지 않고 뛰다시피 걸었던 생각이 난다. 아무리 생각해도 그건 기적이었다.
  "감격의 마음을 잃어서는 안 된다. 감격의 마음이 없다면 아무 일도 할 수 없다."라고 한 어느 철인의 말이 아니더라도 감격할 일이 생기면, 감격하는 습관을 지니면 모든 일을 기쁘게 긍정적으로 보게 되는 기적도 일어날 수 있지 않을까. 조국광복 같은 커다란 감격이 아닐지라도 영원으로 가는 새해의 길목에서 감격스러운 일을 맞아 기적을 일으키고 싶다.
  최근 몇 년 동안 이기적인 욕심으로 전쟁을 계속하는 바깥 몇 나라들과, 우리네 암울한 정국 불안과 경제 불황은 앞서가는 인공지능 AI의 발전과 역행하며 국민을 좌절하게 한다. 불법을 일삼고 부정적인 일이 끊이지 않아 우리를 고통스럽게 해도 우리의 올바른 지각과 의식이 흐려져서는 안 될 것이다. 문학인들은 굳어진 감각과 의식의 틀 안에서 나태해진 이들에게 올바른 판단과 고귀한 자유의 가치를 가름하며 감격하는 습관을 되찾아 줘야 하리라.
  새해를 맞아 용기와 도전이 요구된다. 묵은해보다도 활력과 생동감으로 생산력을 높여 뿌듯한 결실로 너와 나의 삶의 질을 높이고, 우주의 법칙과 질서에 도덕적 감각을 되찾아야 줘서 평화와 번영을 앞당기게 해야 할 것이다.

문학인들은 창조적인 힘을 통해 올바른 인식을 주고 바로 잡을 책임이 있다. 나뭇잎 사이로 스며 내리는 귀한 햇빛 같은 좋은 상황이 아니더라도 자신만의 귀한 독창적인 작품으로 승화시켜 일반인들에게 감격을 되찾아 주는 일이 계속되어야 한다.

새해는 영원히 새롭다. 큰 감격이 웬만한 일을 긍정적으로 여겨 자신감을 높이고 새롭게 샘솟는 기쁨들을 만들어 낼 수 있음을 확신한다. 내적인 신음이 드러나지 않게 속히 치유되어 세계인들이 부러워할 K한국의 도약을 이루는 새해를 맞고 싶다.

[2025. 1.]

시절 인연

주위에 피어난 연록의 이파리들이 맑은 영혼을 지닌 듯 산뜻하게 다가와, 이양하 선생의 〈신록예찬〉 중 한 구절을 생각나게 한다.

나의 안전(眼前)에도 신록이다. … 이러한 때 나는 모든 것을 잊고 모든 것을 가진 듯이 행복스럽고, 또 이러한 때 나에게는 아무런 감각의 혼란도 없고 심정의 고갈도 없고, 다만 무한한 풍부와 유열과 평화가 있을 따름이다.

모든 사람이 다 수긍하고 인상에 남는 구절이 아닐지도 모른다. 남보다 이른 나이에 병사한 후배가 신록의 여린 이파리를 보면 꽃보다 예쁘지만 슬퍼진다고 하던 말이 잊히지 않는다. 그러나 나의 주변엔 신록의 계절이면 침체했던 자신에게도 생기가 나며 마음이 밝아진다고 하는 이들이 많았다.

그중에도 직장의 H선배는 5월의 예찬론자였다. 중학생 시절 신문 배달 아르바이트했던 때의 일화를 자주 들려줬다. 그때 일찍 일어나던

버릇으로 성년이 되어서도 새벽 시간을 활용할 수 있어서 좋다고 했고, 5월이면 그때의 가난과 고생보다 긍정적인 것만 생각하게 된다고 했다. 나이 들어가면서 대학 진학이나 취업에도 성공하여 실력을 인정받고 직장에서도 승승장구했던 H선배. 그는 신록 때의 좋은 인연으로 5월이면 이양하 선생의 수필 구절처럼 '모든 것을 가진 듯이 행복스럽다.'라고 느낀다면서 어린 날 신록의 계절에 있었던 좋은 인연을 몇 번이나 들려주었다. 조간신문을 배달하던 어렸을 때의 일화이다. 정해진 시간에 구독자의 집을 하나라도 빠뜨리지 않고 배달하느라 초를 다투어 내달리는 게 다반사였다. 가끔 어느 집에서 자신을 부르면 못 들은 척 더 빨리 내달려 도망쳤다고 한다. 왜냐하면 그런 경우 대개는 신문을 그만 보겠다고 넣지 말라는 얘기이기에 안 만나려고 했다는 것이다.

그런데 새벽의 찬 기운도 가신 5월의 휴일 새벽, 어느 독자의 집 마당으로 신문을 던져 넣었을 때, '여보세요' 하고 부르는 여자의 목소리가 들려 나왔다. 겁이 나서 늘 하던 대로 냅다 도망쳤는데 반대편에서 오던 남자분이 자신을 떡 막아섰다. 좁은 길목이어서 피할 수가 없어 서 있으려니, "자네가 우리 집에 신문 넣고 있나. 오늘 배달이 끝나면 우리 집에 와서 아침을 먹게."라고 다정하게 말하던 남자는 자신을 부르던 여인의 남편으로 산책에서 돌아오던 길이었다.

"그동안 신문을 빠뜨리지 않고 성실하게 꼬박꼬박 넣어줘서 고맙네."라는 인사와 함께 혹시 도울 일이 있으면 힘이 되겠다면서 격려금까지 주어서 사양도 못 하고 받아서 나오는데 자신도 모르게 감격의 눈물이 흘렀다. 그때 눈물 어린 시야에 들어오던 마당의 느티나무 거목엔 연녹색 이파리가 피어나고 있었다. 그 후로 어려울 때 그 느티나무를 생각하면 의지가 되고 어려운 일을 만나서도 의외로 일이 잘 풀렸다고 한다. 그 후로도 자신에게 좋은 일이 일어났던 게 신록이 피어나는 때였다고 회상했다.

나도 지난날을 되돌아보면, 직장생활 틈틈이 습작도 충분히 못 쓰고 등단했던 작가 초년생 시절 〈초록 보리밭〉이란 수필을 발표한 적이 있었다(『수필문학』 1977년 7월호). 다음 달, 월평에 지금은 작고하신 S평론가의 과한 칭찬이 게재되었다. 그때도 물론 기뻤지만 연둣빛 이파리나 초록 보리밭을 보면 자신 없는 내게 용기를 주셨던 그 기억이 되살아나 힘을 얻곤 했다.

모든 사물의 현상은 시기가 되어야 일어난다는 '시절인연(時節因緣)'이란 불교 용어가 있다. 모든 인연에는 오고 가는 시기가 있다는 뜻이라고 한다. 사람이나 말, 물건과의 만남도, 또한 깨달음과의 만남도 그 때가 있는 법이라고 한다.

'시절 인연이 무르익지 않으면, 바로 옆에 두고도 만날 수 없고, 손에 넣을 수 없는 법'이라는 정의에 잠시 당황하기도 했다. 5월을 좋아했고 긍정적인 시기로 생각하고 살았던 H선배가 60대의 5월 어느 날 불의의 사고로 돌아가 동료와 후배를 섭섭하게 했다. 그가 극락왕생을 누린다면 시절 인연을 만났다고 해야 할까.

[2024.]

가능할 꿈의 세계를
– 고전에게 길을 묻다

　1950년대 후반에 고등학교에 다닌 우리 세대는 전쟁의 폐허가 복구도 안 되었고 정신세계도 피폐해진 때여서 올바른 인격 형성과 도덕 중시의 교육을 받았었다. 주변의 현실을 돌아보면 가난과 궁핍으로 걸인들도 많고 범죄자도 많아 불안하고 우울했다. 그때는 모두가 잘살게 되는 희망과 꿈이 속히 이뤄지길 바랐었다. 그런데도 감성적으로는 애상적인 노래에 빠져들고 시(詩)도 슬픈 것이 가슴에 다가와서 애송했다. 지금도 기억나는 라이너 마리아 릴케(Rainer Maria Rilke, 1985~1926)의 "지금 이 세상 어디선가 누군가 울고 있다. 세상 속에서 까닭 없이 울고 있는 사람은 나를 위해 울고 있는 것이다. …정처도 없이 걷고 있는 사람은 내게로 오고 있다. 지금 이 세상 어디선가 누군가 죽어가고 있다."라는 시 〈엄숙한 시간〉의 구절이다.
　시선집에서 우연히 읽었는데 시적인 정확한 의미도 파악하지 못한 채 공감이 되어 좋아했다. 릴케의 우울한 시에 젖어 있는 것을 알 턱이 없는 문학 취향의 국어 선생님께서 국어 시간에 릴케의 다른 책을 추천해 주셨다. 그의 유일한 장편소설 《말테의 수기》를 꼭 읽어보라고 하셨는데 대학 진학 준비도 해야 하고 어려울 것 같아 접어두었었다. 대학 2학년 때엔가 이 책을 대하게 되었다.

덴마크 출신의 젊은 무명 시인인 말테는 새로운 삶을 살려고 파리에 왔고, 나는 문인이 되려는 꿈도 있었지만, 부모님이 권하는 교사가 되기 위해 서울에 있는 사립대학에 진학했었다.

릴케의 《말테의 수기》(1910년)는 말테의 파리에서의 고독한 생활을 바탕으로 죽음과 고독을 주제로 한 소설이고, 말테가 파리의 거리와 사람들을 관찰하며 시인으로 다듬어져 가는 릴케의 내면을 반영한 고백서라는 내용의 해설에 호기심이 일었다. 당시 파리라면 문화 예술의 중심지, 멋과 낭만의 도시로 동경하던 처지인데 그 거리와 사람들을 관찰한다니 얼마나 멋있을까 알팍한 기대를 했었다. 그런데 말테의 시선은 그게 아니었다. 그는 파리의 빈곤과 침체에 아연하여, 파리에 오는 많은 사람을 보고 그들은 살기 위해 오는 것이 아니라 죽기 위해 오는 것이라고 생각한다. 6·25전쟁의 피해도 복구가 덜 된 객지인 서울에서 외롭고 열등감에 빠져 있으면서, 빈곤과 어둠에서 벗어나려는 이웃이 안쓰럽던 나는 예술적 응시의 세계를 그려나가는 릴케가 부러웠다.

파리의 견문, 감상기, 메모와 추억 그리고 일기 등 54개의 소단원으로 이루어진 이 소설은 주인공의 생활과 유년의 추억, 풍부한 독서의 추억 등 3단계로 분류할 수 있다. 창문을 통해 내려다보는 파리의 어두운 세계, 죽음과 불행이 버겁기도 하여 나는 책 읽기를 멈추기도 했다. 말테는 이곳 사람들의 생활 속에서 깊은 인생의 내면을 발견하게 되는

데 인간에 대한 두 가지 의문, 즉 죽음과 사랑을 발견하여 인간과 인생에 관한 진지한 구명을 해보려는 의도를 눈치채기까지 몇 번이나 읽다가 중단해야 했다.

당시 화제작이었던 실존주의 문학의 《이방인》(알베르 카뮈)이나 냉전시대여서 노벨문학상 수상을 거부해야 했던 파스테르나크의 《닥터 지바고》도 극적인 줄거리가 있어서 읽으면서 저항을 느끼지는 않았었다. 그러나 《말테의 수기》는 달랐다. 문학 장르로는 독일 실존주의 문학의 대표작이라는 《말테의 수기》지만 일관된 스토리가 없어서 읽는 진도가 나가지 않았다.

말테는 대도시에서 일어나는 현실을 직시하고 20세기가 안고 있는 커다란 의문에 대해 자신의 사명을 깨닫는다. 자신은 시민으로 자신과 이웃한 일련의 사건들이 공통적인 인간의 길임을 알게 되고, 그들을 주도면밀하게 주시한다. 부정과 부패가 판을 치며, 고독과 공포의 그늘만이 존재하는 곳을 구제해야 함을 알지만, 그 방법을 찾지 못한다. 그리고 이웃에서 쓸쓸하게 죽어가는 남자와 병자들의 모습에서, 또 이 도시의 분위기에서 느껴지는 공포의 그늘로 빨려 들어가 그도 병들게 된다.

예술적 정신을 추구하면서도 시민의 삶과 죽음, 그들을 고독과 공포의 그늘에서 구제하려던 말테. 그 구제해야 함을 알면서 방법을 못 찾은 채 공포의 그늘로 빨려 들어가 병드는 것에서 일단 절망했지만, 나는 그런 행동적인 것에 꿈을 둘 역량은 안 되고 좋은 문학을 하는 것만이 내가 기울여야 할 길이라고 제시해 주는 것 같았다.

당시는 가난했으나 이웃을 배려하는 아름다운 마음들이 있었는데 오늘날엔 정직이나 공정함을 무시하고 자신의 이익만을 추구하는 삭막한 우리네 현상이다. 릴케라면 물질적으로 풍요해진 것보다도 정신적으로 병들어가는 요즘 현상을 어떻게 구제하고 싶어 할까, 이런 엉뚱한 생각도 해본다.

그 옛날 《말테의 수기》에서 경고문처럼 밑줄 치며 읽은 구절들이 있었는데 한 가지만 소개한다. "젊은 시절에 시(詩) 같은 것을 썼다고 무엇이 되는 것은 아니다. 진짜는 기다려야만 한다. 평생을 걸고, 가능하다면 늙어 죽을 때까지 긴 일생을 걸고 의미와 꿀을 모아야만 하는 것이다. 그런 다음에야 겨우 열 줄 정도의 좋은 시를 얻을 수 있을지 모른다. 시는 감정이 아니라 체험이기 때문이다."라는 구절. 여기서 시를 수필로 고쳐서 읽는다.

[2023.]

귀뚜라미의 전설

귀뚜라미는 시인보다 먼저 때 묻지 않은 순수한 언어로 가을의 시(詩)를 읊조린다. 새벽에 뜰에 나서면 불 꺼진 밤에 시를 읊다 떠난 귀뚜라미의 흔적처럼 잎사귀에 말갛게 맺힌 이슬방울. 어디엔가 숨어서 귀뚜라미는 읊조렸던 시에 대한 평가를 숨죽이고 지켜볼 것이다.

청명하고 높은 가을하늘로 날아오르고 싶지만, 지닌 것은 가냘픈 노래밖에 없어서 인가(人家)의 불빛 새어 나오는 창호문 사이에서 읊조리다가 지창(紙窓)에 어린 제 그림자에 놀라기도 하리라.

귀뚜라미는 늦게 태어나기도 했지만 가을이면 사람들에게 다가와 가슴속에 고인 사랑, 영광, 기쁨, 슬픈 비밀을 창밖에서 나직하게 도란거리다가 구슬픈 넋두리는 물기 머금은 소리로 처량하게 울어대는 듯하다. 짧은 계절 동안의 울음이지만 영원의 노래를 지향하는 듯 끊임없이 지속하려고 노력하는 것 같다.

주변의 아픔에 귀 기울여서 그들 울음소리의 속살에 다가가려는 시도도 못 했던 지난날이 뉘우쳐진다. 첫 수필집을 펴낸 지 오래되었다. 귀뚜라미의 소리가 울음이냐 노래냐, 새가 우는 것인가 노래하는 것인가의 정답을 논하는 것만큼이나 글 쓰는 것이 고통인가 기쁨인가를 단정하지 못하겠다.

귀뚜라미는 고뇌와 외로움으로 지친 가슴에 다가서고 싶은 것을 억누르며 문틈에서 머뭇거린다. 번민하고 회의하는 이에게는 외로운 시간을 주지 않으려고 천장 위에서나 마루 밑에서도 더 크게 울어댄다. 잘 해독되지 않는 언어이지만, 지친 영혼들을 지켜주기 위해 목이 쉬는 줄도 모르고 계속한다.

멀리 숨어서라도 그리운 이의 행동을 감지하여 함께 잠 못 이루고, 때로는 한숨 쉬는 호흡에 맞추느라 초조하여 노래를 멈추기도 한다. 그러다가 꿈속에 빠진 이들의 머리맡에서 어지러운 꿈길을 다독거려 주는 귀뚜라미.

수필은 다른 장르보다 엄격한 규격이나 제약이 없이 집안의 귀뚜라미처럼 사람들의 애환을 잘 감지해 내서 엮는 걸로 여기고 출발했다. 그러나 시간이 갈수록 세월은 여무는데 글은 쭉정이인 걸 안타깝게 여기게 된다. 그리고 무엇보다도 없어도 아쉬워하지 않고 고요를 원하는 이들을 위해 날이 밝으면 어느 풀숲으로 잠적해 버리는 귀뚜라미 같은 존재여서 허탈한 적도 많았다.

그런데 귀뚜라미는 사연 많은 사람들의 둘도 없는 벗이었던 사실을 잊지 않는다. 귀뚜라미가 없는 가을 저녁은 얼마나 적적할까. 미지의 길을 찾으며 회의하면서도 슬기롭게 견디어내는 인내심을 귀뚜라미는 길러줄 것이다. 의미 깊은 후렴처럼 자꾸만 반복하며 일깨워줘서 삶의 방향을 찾게도 할 것이다.

우리가 배를 탔을 때 흔들리는 것은 자신의 의지보다는 배의 밑에서 흐르는 물살의 영향이라는 것을 잊을 때가 많다. 우리가 의도하지 않아도 흔들리며 사는 것이 보이지 않는 어느 조화의 힘이라는 걸 귀뚜라미 우는 밤에 깨달아 본 일이 있을 것이다.

별빛도 흐리고 달빛도 여윈 그믐밤에 귀뚜라미와 함께 새벽을 기다리다가 어둠이 줄어들고 미명의 새벽빛이 번지던 순간, 맘속에 침잠해 있던 작은 불씨가 뚜렷이 떠오르기도 했다. 불씨 같은 작가의 예지.

어렸을 때 어른들이 예민하고 민첩한 사람을 '귀뚜라미 사촌'이라고 했다. 귀뚜라미의 언어를 모른다고 자탄하기 전에 그들의 신선하고 또랑또랑한 발음을 느낌으로 터득해야 한다. 영혼의 깊이에서 우러나는 청초한 언어의 기도를.

미욱하고 둔감한 처지에서 안개 속의 언어이듯 빛깔이나 내음도 터득 못 하고 지내오지 않았는지. 어렴풋하고 그윽한 울림을 소음 사이에서 해독해 내야 하리라. 귀뚜라미 울음은 앳된 소리나 노숙한 소리가 구별되지 않고 또랑또랑해서 좋다. 수필 속에도 연륜이나 관록은 느껴지되 허무함을 강조하거나 애상적이지 않고 신선하고 발랄한 생명력과 긴장감이 있으면 좋겠다. 초원의 한 자락 푸른 그늘에서 노래하는 귀뚜라미의 밝은 소리는 우리에게 위로도 주고 지친 영혼도 맑게 씻어줄 것이다.

모래알처럼 흘러내린 낮 동안의 언어를 풋풋하게 되살려주고, 식물의 잎줄기를 갉아 먹으며 고치를 만들고 완전 변태를 하는 나방이처럼 밤의 통로를 거쳐야 문학이 되리라. 정선된 언어로 그렇게 승화되는 멋진 글을 쓰고 싶다.

안개 속에서 맑음과 갬, 바람을 관측하기도 하는 귀뚜라미의 지혜를 우선 닮아야 한다. 그리고 귀뚜라미 노래처럼 공명을 줘서 때로는 울적하게 울고 때로는 우렁차게 합창하게 할 수 있어야 한다.

마른풀이 쓸쓸하게 물결 지어 흐르는데 귀뚜라미의 노래에 허무와 좌절의 휘파람만으로 화답할 것인가.

흐리고 핏발 선 눈으로 헤맬 때, 맑고 청량한 노래로 우리 삶의 방향과 지표로 인도해 주던 것이 귀뚜라미의 전설이 아니다. 영원히 우리와 동행해야 할 귀뚜라미.

[2024년 개작]

역광의 아름다움

짜그락짜그락, 신작로를 걷노라면 빨리 걸어지지도 않고 발밑에서 자갈 부딪치는 소리가 났다. 60여 년 전 여고 시절, Y면에서 D시로 버스 통학하던 나는 버스 출발점까지도 20분이 걸려서 7시 이전에 집을 나섰다. 신작로에서 내가 향하는 반대편에선 계룡산 자락으로 나무하러 가는 지게를 진 내 또래의 소년들이 걸어왔다. 하얀 칼라의 교복을 입고 학교 가는 계집애가 얄미웠을까 '얼굴에 자전거를 얹었냐.' '목사님 잘 가' 하며 놀리는 것이 싫어서 재빨리 지나쳐야 했다.

6·25를 겪은 지 몇 년 안 된 가난한 시절이어서. 학교에선 얇은 좌판을 무릎에 놓고 필기하던 급우 몇몇을 빼곤 마룻바닥에 앉아서 수업을 받았다. 맨바닥의 불편함보다도 마지막 시간이면 D시에서 막차(막차 시간 오후 5시)를 놓칠까 봐 수업에 집중 못 하고 마음 졸이던 날의 연속이었다.

하교 때에는 아침에 마주친 나무꾼 팀을 다시 만나기도 했다. 시간이 지나면서 '자전거' '목사'라는 놀림도 고깝지 않았고 저녁때는 놀리지도 않았다. 내가 집중 못 하고 수업을 듣는 동안, 솔가지와 갈비를 긁어모아 커다란 나뭇가리를 만들어, 해지기 전에 집에 오려고 바빴을 그들에 대한 동정심도 일었다. 저만치서 나뭇짐을 지고 두런두런 얘기하며 오던 소리와 그들의 지게 위로 막 넘어가던 햇살에 눈이 부시던 기억이 생생하다. 어깨가 휘도록 높은 나뭇가리를 졌으니 얼굴도 아래로 향해서 그들의 표정은 볼 수도 없었다. 개중에는 그날 나무를 많이 해서 다음날엔 학교에 갈 수 있겠다는 재학생도 있었을 거고, 나름대로 삶의 무게에 짓눌려 어디론가 비상(飛翔)을 꿈꾼 이도 있었을 것이다. 역광(逆光)이라 그들의 고단한 표정이 안 보였기에 다행이었다.

한동안 그 시절 나무꾼 소년들의 소리와 햇살을 등진 실루엣이 뇌리에 남아 있었다. 그들 중의 누구라도 당시 국어 시간에 배운 양주동 선생님의 〈노변의 향사〉에 나오는 내용처럼 '머슴, 소배들이 모인' 사랑방 한쪽에서 책을 읽으며 열심히 공부하여 성공했으면 하는 바람도 가져보았었다.

사진 찍을 때는 광선의 방향을 따졌다. 해를 등지고 찍으면 얼굴이 꺼멓게 나오는 역광을 피했었다. 그때는 카메라가 귀하고 휴대전화기가 없을 때여서 사진도 별로 없다. 어쩌다 기념사진을 찍게 된 날 흐린 날씨로 선명하지 않은 사진도 귀해서 못 버리고 있다. 사진을 보면서 역광사진처럼 햇빛 같은 부모의 혜택을 못 받고 공부할 나이에 나무했던 그 소년들은 어디서 무얼 할까, 궁금하기도 했다.

얼마 후 부모의 혜택을 덜 받고 역경을 넘어서 뚜렷하게 성공한 분의 예를 보게 되었다. 1970년 5월 『사상계』와, 6월 『민주전선』에 김지하(金芝河) 시인의 시 〈오적(五賊)〉이 게재되었다. 김 시인과 두 잡지의 편집진이 반공법 위반 혐의로 구속, 기소된 게 '오적필화사건'이다. 그때 변호를 맡았던 이가 한승헌(韓勝憲, 1934~2022) 변호사이다. 그는 민주화와 인권을 위해 일한 변호사로 의식 있는 젊은이들의 우상이고 희망이었다. 가난했던 소년 시절 그도 첩첩 산골 고향(전북 진안군)에서 나무하며 자랐고 전주(全州)로 나와 학교 다닐 때는 아르바이트로 고학했다는 친지의 말에 학창 시절, 그 소년 나무꾼들 생각이 났다. 그들 중의 누구라도 성공한 이가 있다면 좋겠다는 생각도 했다.

김지하의 〈오적〉은 비리를 저지른 재벌·국회의원·고급·공무원·장성·장차관 등을 '오적'이라 지칭하며, 그 치부를 신랄하게 비판한 담시(譚詩)였다. 당시는 반공 정책이 삼엄한 때여서 북한이 이 시를 역이용할 우려가 크다는 것도 입건 이유 중의 하나였다. 그 이유에 대한 공감의 여부를 떠나서 누구도 변론하려고 나서기 어려운 시절에 시인, 수필가였던 한 변호사는 담대하게 문학의 표현에 대한 자유 등을 역설했다. 후일 김 시인은 한 변호사에 대해 "표현의 자유, 정부의 부정부패, 풍자의 원리, 청백리 사상, 판소리의 현대화 등등을 지적해 줬다. … 선생의 정의심과 자유에의 정열이라고 생각했다. 그것도 아니다. 결국 그것은 선생의 인품이었다."라고 회고했다. 우리 문청(文靑)들은 대략 들은 내용만으로도 박수를 보냈다.

1957년 제8회 고등고시 사법과에 합격한 한 변호사는 '오적필화사건' 이전에도 남정현(南廷賢, 1933~2020)의 소설 《분지(糞地)》(현대문학 1965년)가 북한 노동당 기관지(조국통일)에 전재되어 반공법 위반 혐의로 검찰에 기소되었을 때도 변호를 맡았다. 증인으로 나선 원로작가

안수길과 문학평론가 이어령의 증언도 주목을 받았지만, "터무니없는 용공 혐의에 짓눌린 한 작가의 수난을 외면할 수 없다는 생각에서 검찰에 변호인 선임계를 냈던 것이다."라고 시국사건 변호사로 첫발을 내디뎠던 한 변호사. 그는 평소에 '변호사라면 마땅히 인권을 수호해야 함으로 인권변호사란 말은 사라져야 한다.'라고 강조하며 57년을 헌신해 온 진정한 인권변호사였다. 정치적인 사건도 인혁당사건, 동백림 간첩단 사건 등을 변호했으나 내겐 문학인의 필화사건이 기억에 오래 남아 있다.

내가 어린 시절에 만났던 나무꾼 소년들 때문에 한 변호사를 잊지 못하는 것은 엉뚱한 연상인지도 모른다. 그런데 나는 소녀 시절에 철이 없었다. 나무꾼 소년들은 어려운 집안 살림을 도우려고 학교에 못 보내준 부모에게 불평 없이 지게를 지고 나섰을 것이다. 오랜 시간 차 타고 통학하던 처지가 불편해서 부모님에게 고마움 대신 원망만 했던 자신이 부끄럽다. 그리고 남에게 동정이 아닌 성실한 관심으로 그들의 어려움을 생각하고 따뜻한 마음으로 주변의 소중한 것들을 감싸지 못했던 것도 사실이다.

시인, 수필가이기도 했던 한승헌 선생은 어둠에 묻힐 뻔한 이들을 어둠에 묻히지 않도록 구해준 따뜻한 변호사였다. 반공의 시대에 억울하게 명암을 겪어야 했던 이들, 역광의 그늘에 가릴 뻔했던 진실, 문학의 존재가치와 장점과 정의를 찾아준, 역광의 아름다움을 드러나게 해준 진정한 인권변호사였던 것이다.

[2023. 8.]

언제까지나 술래

　작년(2022년)에 넷플릭스 드라마 세계 1위를 차지했던 《오징어 게임》이 최근엔 에미상에서 감독상(황동혁)과 남우주연상(이정재) 등 6개 부문에서 상을 받았다. 연초에 골든 글로브에서 조연상(오영수)을 수상해서 화제였을 때 잔혹하고 폭력적이라는 평에도 궁금해서 유튜브로 보았다.

　456억 원의 상금을 차지하기 위해 목숨을 걸고 벌이는 서바이벌 게임 중 첫 번째 게임인 '무궁화꽃이 피었습니다'에서 술래인형이 돌아서서 나무에 얼굴을 대고 빠른 소리로 "무궁화 꽃이~"를 외치기 시작하면 등 뒤에 있던 이들이 살금살금 앞으로 나아가는데, "피었습니다."라는 말을 마치는 동시에 뒤를 돌아본 술래인형의 눈에 움직임을 들킨 이들에게 이내 총알이 발사되어 쓰러지는 것이었다. 아, 순식간에 피를 튀기며 쓰러지는 살벌한 게임에 위축되어 나는 화면에서 눈을 떼고 말았다. 계속 잔혹한 서바이벌 게임이 이어질 것 같아 더 볼 용기가 나지 않았었다.

　우리가 어렸을 때는 '무궁화꽃이 피었습니다' 놀이 대신 숨바꼭질을 많이 했다. 가위바위보에서 진 술래가 벽에 얼굴을 대고 "꼭꼭 숨어라 머리카락 보인다."라며 숨을 시간을 주고 난 뒤 돌아서서 "찾는다"를 외친 후에 숨은 친구들을 찾아내는 놀이였다. "무궁화꽃이…"처럼 뒤를 돌아볼 때 움직이는 것을 들킨 사람이 탈락하는 것이 아니라 "꼭꼭 숨어라 머리카락 보인다."라고 할 때 다 숨어버린 이들을 술래가 찾아내는 식이었다. 나무가 많은 정원이 있는 집에 가서 자주 놀았는데 숨을 곳을 찾다가 급해서 나무에 오르기도 하고 널어놓은 빨래를 덮고 죽은 듯이 누워 있는 등 온갖 창의력을 발휘하여 숨은 자와 술래가 밀고 당기는 긴장감. 그러다가 들키면 낄낄거리며 즐거워하던 선한 게임이었다.

  요령도 없고 시력이 나쁜 내가 술래가 되면 잘 찾지 못하고 쩔쩔맨 적이 많았다. 그땐 시력이 좋으면 얼마나 좋을까 생각했다. 내가 술래일 때 이런 생각이 컸지만 내가 애써 숨어도 술래에게 쉽게 들킬 땐 투명 인간이 될 방법은 없을까 상상하기도 했다. 이런 동화적인 상상보다도 내가 뜻밖에 술래를 골탕 먹인 일도 있었다. 어느 날 술래가 찾기 힘들게 하려고 깜깜한 다락에 올라갔다가 그만 잠이 들었던 것이다. 얼마나 시간이 흘렀던지 그 댁 가족과 친구들이 수런거리는 소리에 눈을 떠보니 열린 창문 밖 밤하늘에서 깜빡이던 별빛들, 별들은 술래가 없어도 숨었다 나왔다 했다. 내가 술래가 되었을 때 있었던 뜻밖의 일도 잊을 수 없다. 누군가 나를 놀려주자는 제의로 아이들이 숨은 게 아니고 술래를 젖혀 놓은 채 아이들이 모두 집으로 돌아가 버려서 동무들이 흔적도 없던 때 밀려오던 그때의 외로움, 낭패감 같은 것이 나이

든 지금 자주 느껴질 줄이야.

중학교 때 고향을 떠나 전학으로 중학교를 세 군데나 다니느라 외로움이 많았다. 그때의 외로움은 시간이 지나면서 급우들과 정이 들어서 해결되기도 했다. 그러나 나이 든 지금의 외로움은 나의 노력으로 해결할 수 없기에 안타깝다. 가까이에서 세상 떠나는 이들이 너무 많기 때문이다.

20년 동안이나 단골이던 의상실 주인도 건강이 안 좋아 얼마 전에 폐업해서 못 만난 지 오래다 보니 섭섭하기 그지없다. 대학 동창도 먼 곳으로 이사하고 코로나로 발이 묶여 못 만난 지 3년인가. 옛날 선인들의 일화를 여쭤보던 스승이나 문우 선배도 유명을 달리했다. 정치나 세상 돌아가는 이야기도 속 시원하게 털어놓고 의기투합하여 수다 떨던 동창과 친구, 만만하게 대하던 동생까지 떠나버렸다. 그야말로 어렸을 때 숨바꼭질에서 술래인 나만 남겨 놓고 전부 집에 돌아가 버렸을 때의 낭패감이 몰려온다.

신선들의 바둑 게임을 오래 보느라 도끼 썩는 줄 모르고 놀다 온 것도 아닌데 자신감 없이 지나온 세월이 길다. 나머지 삶이 가까운 지점에 다다르니 드라마나 영화를 보는 관점도 달라진다.

잔혹해서 초반에 보다만 《오징어 게임》을 최근에 보면서 착잡한 마음을 뚫고 떠오르는 생각이 있었다. 이 드라마에서는 처절하거나 극단적인 경우로 나타났지만, 나도 지난날을 돌아보면 욕망을 위한 투쟁과 인생 게임에서 예외의 존재가 아니었다. 낙오자라는 느낌으로 좌절한 적도 있었지만, 다른 사람의 인간의 존엄성을 외면하지는 않았는지,

또는 어느 정도 승점에 올랐을 때 나를 위하여 배려와 희생으로 길을 터준 이는 없었을까, 나 때문에 실망한 이는 없을까 돌아본 일이 없었기에 자괴감이 들기도 했다.

《오징어 게임》에서는 신과 인간 구원에 대한 문제도 잠깐 나왔지만, 기독교의 모태 신자로서 별 갈등 없이 나는 예외라고 좀 오만한 생각이 들기도 했다.

유년 시절 숨바꼭질의 술래였을 때 나를 골탕 먹이려고 숨는 대신 동무들이 전부 집으로 돌아가 버려서 당황했지만, 그래도 그때는 다음 날 만날 수 있다는 희망이 있었다. 이제 나는 언제까지나 술래인 채로 떠나간 이들을 그리워할 수 있을까.

[2023. 9.]

못다 한 말들

고흐의 그림 〈아를의 다리와 빨래하는 여인들〉을 보면 어렸을 때 떠나온 고향의 강과 푸르른 둑이 생각난다.

네덜란드 태생인 고흐(Vincent van Gogh, 1853~1890)는 우울증에 시달렸다고 알려졌지만, 프랑스의 아를에 머물 적에는 밝은 태양에 감격하고 희망적인 생각을 하며 살았다. 랑글루아 다리를 보면 동생 테오와 뛰놀던 고향 운하의 개폐식(開閉式) 다리인 도개교(跳開橋)가 떠올라 향수에 젖었다. 맑은 날씨와 고향 닮은 풍경에서 마음이 여유로워졌던 고흐는 아를에서 머무는 15개월 동안 초기 작품의 어두운 색조에서 벗어나 밝은 색조의 그림을 200점이 넘게 그렸다. 그중에도 랑글루아 다리를 여러 점 그렸는데 〈아를의 다리와 빨래하는 여인들〉은 그 다리 그림 중 대표작이다.

내가 살았던 G읍의 금강 하류에도 작은 도개교가 있어서 강물이 줄었을 때는 바닥에서 조개를 줍기도 했다. 강가에서는 여인들이 빨래를 하였고 어떤 여인은 다리 건너 강둑에 빨래한 광목을 길게 널어서 햇볕으로 바라기도 했다. 고깃배가 들어올 때 들려지던 다리, 배에서 비늘을 반짝이며 튀어 오르던 물고기들의 모습도 구경거리였다. 나는 저 배를 타고 나가면 중국, 아니 태평양으로 갈 수 있을 텐데, 떠나고 싶다는 발칙한 생각도 했는데 그때는 세상 고뇌를 짐작하지 못한 시절이었다.

고흐는 다리를 보며 떠나보고 싶었던 나와는 달리 날씨나 햇빛 변화에 따라 달라지는 다리 주변의 풍경을 그렸다. 그리고 '예술가 공동체'를 꿈꾸며 그림의 동지 고갱과 함께 할 생각에 희망으로 설렜다. 37년 생애 중 서른다섯 살이었던 1888년 아를의 여름은 그의 인생에서 가장 행복한 시기였다고 한다. 다리를 그리던 고흐의 마음속에 충만했던 설렘과 기대.

〈아를의 다리와 빨래하는 여인들〉에서 푸른 하늘, 강물에서 빨래하는 여인들이 이뤄내는 물무늬를 보면서 그림에는 다 나타나 있지 않지만 여인들의 경쾌한 웃음소리가 물결에 흐르는 것 같기도 하고, 주변의 생생한 초록빛 풀잎들, 다리를 건너는 마차에 탄 사람도 휘파람을 불고 있지 않을까 여겨질 만큼 활기를 느낀다. 노랑과 파랑을 대비시킨 밝고 선명한 색채가 긍정적인 생각과 희망을 갖게도 한다.

사실 그림을 그리기 이전에 고흐는 많은 것을 구상하고 다 그려 넣을 수 없음을 안타까워했는지도 모른다. 다 표현하지 못한 많은 밑그림을 그렸을 것이다. 어린 시절의 그리운 서사들을 엑기스만 표현해 놓았으리라. 엑기스만으로 이뤄져야 할 예술 작품. 작품을 그리며 함께 살게 될 고갱을 기다리며 눈부시게 다가올 광채를 희구했는지 모르겠다.

철없던 시절의 나는 도개교를 보며 무엇을 상상하고 희구했던가. 나는 부두의 도개교가 아닌 대처로 나가는 또 다른 다리를 건너 출장

가셨던 아버지 마중을 자주 나갔다. 출장 가방에서 꺼내 주시던 캐러멜을 반가워하던 유년 시절을 지나 잡지 『소학생』과 『소년』을 기다리던 초등학생 때였다. 동년배의 순수하고 귀엽던 동시, 상상력이 재미있던 산문을 읽으며 이들의 반짝이는 표현이 부러웠다. 영리한 시선과 상상력의 기특한 표현은 어떤 지도를 받았을까. 실제로 노력은 안 하면서 막연하게 어떤 광채가 내게 다가올까 희구하기도 했다.

강물은 흘러감을 지향한다. 나는 빠르지 않은 나이에 문학의 강물에 실려 흐르게 되었다. 굴곡을 만나면 다소 느려졌다가 휘모리장단 같은 급류도 타면서 다시 진양조로 편안해지는 강줄기에 그리움과 동경을 싣고 따라 흐르고 있다.

고흐도 세상 떠나기 전 아를에서 "언제쯤이면 늘 마음속으로 생각하고 있던 별이 빛나는 하늘을 그릴 수 있을까? 별까지 가기 위해서는 죽음을 맞이해야 한다. 살아 있는 동안에는 별에 갈 수 없다."라는 편지를 썼다고 한다. 아를로 이주하고 죽을 때까지 2년 반 동안 명작 〈별이 빛나는 밤〉 등 고흐 예술의 참다운 개화기로 불릴 작품들을 그렸다. 그가 더 오래 살았더라면 아를의 빛나는 시절을 더욱 그리워했으리라.

어렸을 때 강물에서 조개를 줍고 푸르른 강둑에서 삘기를 뽑으며 먼 곳으로 떠나고 싶던 충동 같은 것은 사라지고 좋은 글을 써서 먼 강 언덕에 다다르고 싶은 속마음을 이제라도 터놓을 수 있을까.

나이 든 지금껏 성공작을 못 내고 밑그림으로만 그려온 그리움의 못다 한 말들.

[2023. 9.]

아직은

　외출에서 돌아올 때마다 아파트 입구 개울가에 놓인 파라솔과 탁자를 바라본다. 지난가을 그 휴게용 의자에 사람들이 무언가를 둘러싸고 있었다. 궁금해서 사람들을 비집고 들여다보니 눈부신 빛깔의 앵무새 두 마리가 탁자 위에 앉아 있고 사람들이 '안녕하세요' '예쁘다'를 되뇌며 흉내 내기를 유도하고 있었다. 새들은 말을 따라 하기는커녕 부리도 달싹하지 않고 있지만, 진초록의 윤기가 흐르는 깃털의 앵무새 한 마리와 진빨강 깃털의 또 한 마리 새가 신비해 보여서 그 옆을 떠날 수가 없었다. 더러 예쁘게 단장한 애완견을 데리고 나와서 쉬는 이들이 있어도 무심히 그냥 지나쳤는데 앵무새라는 특별한 손님에게는 여러 사람이 관심을 쏟아 발길을 멈추고 있었다. 옆 사람은 젊은 아가씨가 키우는 건데 아직 어려서 말은 못 하지만, 산책에 데리고 나온 것을 예뻐서 함께 보고 있다고 묻지도 않았는데 설명했다.

　나는 지금 사는 아파트로 이사한 지 5년인데 그중 애착을 갖고 있는 것이 잘 가꿔주는 소나무와 계수나무, 인공으로 흐르게 하는 개울가의 부들과 붓꽃이다. 며칠만 지나면 개울에도 물이 채워져서 야생초 뿌리에도 물기가 스미겠지만, 지금은 마른 바닥에 자갈만 구르고 있고 가을에 풍성하게 꽃을 피웠던 억새의 꽃대가 하얗게 말라 있는 것을 안타깝게 바라본다. 그런데 화단 곁을 지나며 자세히 보니 외벽 가까이 심어져 있는 산수유나무 가지 끝에 부풀기 시작한 노란 꽃봉오리가 돋보인다.

대학 졸업반 겨울 방학 때 친구가 사준 노벨문학상 수상작 《불만의 겨울》(1962년 수상, 존 스타인벡) 소설을 읽었다. 명문가의 후손 이선 앨런 홀리는 거듭되는 아버지의 사업실패로 집까지 날려버리게 되고 식료품 가게의 점원으로 일한다. 정직한 모범사원으로 살던 그는 돈에 욕심이 생겨 가게 주인이 불법 이민자라는 사실을 알게 되어 밀고해 버린다. 주인은 그 사실을 모르고 잡혀가면서 정직하게 여겼던 홀리에게 가게를 무상으로 넘겨준다. 그 뒤로 헐리는 도와준 친구에게서 양도받은 넓은 땅이 비행장으로 개발하게 되어 큰 부자가 될 기대로 부풀어 있다. 그런데 그의 아들이 전국 공모전에서 당선된 에세이가 표절이란 사실이 밝혀진다. 아들은 도리어 사회의 모든 사람이 부정행위를 하고 있다며 잘못을 인정하지 않는다. 아버지도 부정행위에서 자유롭지 않을 것이라는 아들의 말을 듣고 충격받는 홀리.

소설의 흐름이 예상과 달라 불만이었지만, 소설의 곳곳에서 흐르고 있는 유머가 여유를 주었다. 홀리는 출근하면서 매번 마주치는 레드 베이커라고 이름 붙인 개에게 유머를 날리고, 식료품점에 진열되어 있는 통조림 깡통들과 과일들 그리고 수많은 사람에게 유머를 건네어 지루하지 않았다.

존 스타인벡(John Steinbeck, 1902~1968)이 1950년대 미국 사회에는 불법을 저질러도 붙잡히지 않으면 범죄가 아니라는 인식이 만연했는데 이런 도덕적 타락을 주제로 쓴 소설이 《불만의 겨울》이다. 스타인벡은 노벨문학상 수상소감에서 "작가란 인간의 마음과 정신이 위대할 수 있다는 입증된 인간 능력을 선언하고 찬양하는 일에 헌신해야 합니다. 즉 패배 속에서도 굴하지 않는 용기와 용맹, 그리고 동정과 사랑을 베풀 수 있는 능력 말입니다. (중략) 인간이 완전하게 되리라는 가능성을 열정적으로 믿지 않는 작가는 문학에 헌신하는 사람도 아니며 문학계의 일원도 아니라고 나는 생각합니다."라고 말했다.

《불만의 겨울》에서 '아버지도 부정행위에서 자유롭지 않을 것'이라는 아들의 지적에 충격받은 홀리는 자살을 시도한다. 그런데 면도칼 대신 행운의 부적을 호주머니에 넣어둔 딸의 계교로 자살을 모면한다. 주인공 홀리를 자살하게 했더라면 그 소설에 불만을 가졌을 텐데. 겨울 방학 동안엔 그 소설로 졸업 후의 불투명한 미래에 대한 불안을 잊고 지냈던 것 같다.

코로나 팬데믹으로 지난 3년 동안 많은 사람이 코로나에 감염될까 봐 전전긍긍했고, 금기사항이 많아 자유롭게 활동하지 못해 위축되었는가 하면 불안한 국제정세에도 휘둘려야 했다. 불만의 겨울 아닌 암울한 겨울날들을 보내야 했던 불가항력의 긴 시간들.

기나긴 겨울 방학을 보내고 개학한 초등학교에 입학한 어린이들처럼 나이 들어서도 봄은 반갑기만 하다. 설렘은 없어졌어도 새로이 피어날 새싹들을 기다린다. 회색빛으로 침묵하고 있는 나무 둥치를 보면서도 네 안에 희망이 움트고 있다고 보고 싶은 마음.

 지난가을에 만났던 앵무새도 그때 주인이 '아직은 어려서 말을 못 해요' 했는데 지금쯤 입이 트였을까. 올봄에는 다시 데리고 나오겠지 하는 기대를 품어본다.

 어려도 시간이 지나면 성장하고, 부족해도 채워질 수 있다는 '희망'을 품을 수 있는 '아직은'이란 긍정적인 어휘와 함께 연초록빛 봄을 기다린다.

[2023. 3.]

소강상태를 기다리며

　시원한 소나기 그친 뒤 햇빛이 반짝 나면서 신나게 울어대던 매미 소리. 무더위를 식히고 나서 언제 그랬냐는 듯 시침 떼던 여름 소나기. "밤사이 장마전선이 북한 쪽으로 이동하면서 장맛비가 소강상태에 들었습니다." 하는 기상 보도를 최근엔 자주 본다. 장마라면 보통 6, 7월에 30~35일 동안 비가 계속 쏟아지는 것을 연상하는데 최근엔 아니다. "보통 갑작스럽게 쏟아지다가 그치기를 반복하는 집중호우의 형태로, '야행성 장마'라고 하는데 낮에는 소강상태를 보였다가 밤만 되면 국지성 호우가 세차게 쏟아지는 경우가 많다"라는 보도이다. 지루한 장마 중간에 보이는 햇빛, 소강상태는 얼마나 반갑던가.

　어린 시절 강경에서 살 때 적산가옥 2층인 우리 집에 낮은 지역의 주민들이 홍수를 피해 와서 짐을 부려놓았던 흔적이 2층 벽에 오래 남아 있었다. 언젠가 금강과 강경 시내가 내려다보이는 옥녀봉에 올라 흙탕물이 제방 부근까지 차올라 조마조마하며 염려했던 일도 있었다.

　비가 꼭 필요한 것이면서도 장마를 염려하고 피하고 싶어 하는 것은 예나 이제나 마찬가지. 장마까지는 아니어도 웬만한 비도 피하려는 사람들이 많은데 어렸을 적 소풍날이나 운동회 날이면 웬 비가 그리도 내렸던지. 그래선지 나는 성장해서도 행사나 여행 때 웬만한 비가 내려도 겁나거나 두려워하지 않는다.

하늘의 도움만 바라며 농사짓던 천수답이 주변에 둘러싸여 있던 강경, 특히 4월이면 비가 잘 오지 않았다. 밭에 씨앗을 뿌리고 논도 갈아엎어 물을 채워서 모내기를 준비해야 하는 4월, 실패한 결혼으로 평탄치 않게 살던 셋째 고모는 자신처럼 용띠에다 4월생인 내게 '용띠는 4월이면 비가 오네, 안 오네 구설수가 많은데' 하고 근거 없는 속신(俗信)을 말하며 혀를 차기도 했다.

부모님은 그런 말은 하지 않으나 강가에 절대 가지 말고 비를 맞지 말라는 등 금기사항이 많았다. 그때는 '거짓말하지 말라'는 정직함을 학교나 가정에서 강조했다. 누군가 "거짓말하면 비 오는 날 미내다리를 건널 때 벼락 맞는다."라고 경고를 했다. 그 말이 무서웠던 것은 아닌데 미내다리가 읍내에서 좀 떨어져 있어서 실제로 가본 것은 두 번쯤이었다.

강경천 제방길을 걸어가다 보면 멀리서 둥그스름한 원형의 다리가 보이던 미내다리, 그 다리는 어린 눈에도 너무 작았다. 그것이 옛날 충청도와 전라도를 잇는 중요한 교통로였다는 사실이 믿기지 않았다. 19세기 중엽, 한강 다음으로 컸던 강경포구의 발달로 전국적인 유명한 시장이 만들어져 전국 3대 시장 중의 하나였는데, 어느 해 큰 장마로 강경에 몰려든 상인들의 발이 묶였다고 한다. 미내다리가 떠내려가고 오도 가도 못한 상인들을 위해 강경포구 사람들이 나서서 재물을 모아

다리를 만들었다는 옛이야기가 전해온다.

　나는 미내다리를 10여 년 전에 가보았다. 옛날엔 미내다리도 섶다리나 나무다리로 만들었기에 잦은 홍수로 떠내려가면, 다시 놓아 사용했다는데 지금의 다리는 조선 영조 7년(1731년)에 만든 돌다리가 원형이다. 다리는 강을 가로질러 놓는 것인데 강경천(江景川)과 다리가 나란히 놓여 있어서 이상했다. 옛날엔 바닷물이 흘러들어왔던 미내천(彌內川, 지금의 강경천)에 놓았다는데, 수로 정비로 물길이 바뀌어서 이제는 관광객들이 감상만 하는 휴교(休橋)가 된 것이다.

　위치야 어떻든 미내다리는 조형미를 갖춘 선조들의 지혜로움을 볼 수 있는 석교(石橋)로 충남 유형문화재 제11호로 지정되었다. 조선 영조 초 석재로 받침을 긴 장석으로 쌓아 올리고 그 위에 3칸의 무지개 모양을 만들고, 그 사이마다 정교하게 다듬은 돌을 가지런히 쌓아 올린 기하학적 공법으로 놓은 다리다. 긴 세월 풍파에 조금씩 마모되었으나 꿋꿋이 잘 견디어냈는데 1997년 태풍으로 크게 훼손된 것을 2003년에 말끔하게 복원해 놓은 미내다리.

　옛날 보부상들이 많이 이용했고 호남에서 청운의 꿈을 안고 서울로 가는 이들이 미내다리를 건너고 주변에 많았던 숙소나 주막을 이용했다는데 현재는 둑 너머로 허허로운 논뿐이어서 세월의 무상함을 절감할 수 있는 곳이었다.

　넓지 않은 우리나라에도 남쪽 지방엔 비가 안 와서 수돗물 공급의 어려움과 갈라진 농토의 모습 보도를 보며 안타깝기만 하다. 아무리 첨단과학이 발달하고 AI 인공지능이 놀랍게 발전하는 현재에도 비가 안 오거나 장마의 피해를 막을 수 없는 현실이 아닌가. 근년엔 전국적으로 장마 피해가 적었던 대신 코로나 팬데믹으로 3년 동안이나 주눅 들어 지내야 했다.

　우리는 역사적으로나 시대적으로 장마 같은 고난을 여러 번 겪어왔다. 아직도 어려운 세계 정세 속에서 안전할 수 없고 북한의 핵 위협 등에 장맛비에 홍수를 염려하던 때의 두려움이 생각나곤 한다. 지금도 우리는 지루한 장맛비 속에서 겨우 누릴 수 있는 소강상태인 것 같다. 긴 세월 동안 적당히 풍화되어 풍상을 겪은 미내다리의 의연한 모습과 변치 않는 여유를 배워야 하지 않을까.

[2023. 6.]

성 쌓고 남은 돌

 실크로드 기행 때 만리장성의 서쪽 관문인 가욕관(嘉峪關)에 들렀다. 가욕관은 기련산맥과 마종산의 협곡 15km의 한복판에 세워진 관문으로 명나라 홍무 5년(1372년)에 몽골군을 막기 위해 토성(土城)으로 축조하였다고 한다. '천하제일옹관'이라는 관문이었다.

 가욕관은 관루(關樓) 안팎으로는 옹성(甕城)이, 네 모퉁이에는 성루가 설치되어 있고, 남북으로 망루가 우뚝 솟아 있어 사막 가운데 성곽은 위엄을 드러내고 있었다. 북쪽에 있는 만리장성을 최초로 쌓기 시작한 것은 춘추전국시대이지만 이곳 성벽은 진시황 때 쌓은 것을 1539년에 현재의 모습으로 보강했다고 한다. 이곳 토성은 대부분 황토를 다져 만들었는데, 서쪽 성벽은 벽돌을 쌓아 웅장하고 튼튼하게 만들어져 있다. 토성이 오랜 세월이 지났는데도 말짱하여 중국통인 일행에게 물으니 사막이라 강수량이 적은 데다 황토를 엄선하여 햇볕에 말린 뒤, 그 가루를 곱게 체로 치고 찹쌀풀을 성벽에 발랐기 때문이라고 하여 감탄했다.

 높은 건축물과 성루가 많아 다 둘러보지는 못했지만, 서쪽 토성 위에 세워진 3층의 '가욕관문'에서 시작하여 외성, 내성을 대충 둘러보면서 중국의 시대극 영화에서 본 높고 방대한 규모의 성채를 실물로 보는 감회에 잠깐 잠겼다. 티무르군과 마주치게 되는 서쪽 성벽, 벽돌을 쌓아 웅장하고 튼튼하게 만들었다는 성벽을 훑어보다가 성루 한쪽 중간쯤 높이에 작은 벽돌 하나가 얹혀 있는 것을 보게 되었다. 의아해하는 일행에게 우리를 인솔한 허 교수가 한자리에 모이게 해서 그 '정성전(定城塼)'이라는 벽돌에 대한 전설을 들려주셨던 것이 잊히지 않는다.

명나라 정덕제 때 역개점(易開占)이란 탁월한 목수가 서쪽 성벽에 대한 공사를 맡았는데 관원은 가욕관 구축의 벽돌 수를 정확하게 밝히라고 했다. 목수가 9,999개가 필요하다고 하자 감독관은 만일 하나라도 남거나 모자라면 엄벌을 내리겠다고 했다. 공사를 마쳤는데 벽돌 한 장이 남았다. 감독관은 벽돌이 남게 된 것은 건축이 잘못되어 생긴 것이니 역개점의 목을 베겠다고 했다. 그러나 역개점은 "그 벽돌은 신선이 놓아둔 정성전으로, 옮기거나 건드리기만 해도 성벽이 무너져 내릴 것입니다."라고 말한 이후 아무도 그 벽돌에 손을 대지 못해 지금도 그 자리에 있다는 것이었다.

글쎄, 믿기 어려운 전설이지만, 오래도록 그대로 지켜온다고 했다. 당시에 벽돌이 그만큼 귀했다는 것인지, 아니면 신비한 얘기를 만들어 만리장성을 신성불가침의 것으로 여기게 하려 했는지도 모르겠다.

최근 보도를 보면 서쪽에 있는 가욕관보다 관광객에게 인기가 있는 북경 근처에 있는 만리장성의 경우 낙서와 자연적인 풍화로 성벽이 점차 소실되어 가고 있는 상황인데 지역 주민들이 집을 짓거나 묘지에 석재로 쓰려고 만리장성의 벽돌을 훔쳐 가는가 하면, 심지어는 기념으로 벽돌을 뽑아가는 관광객이 많다고 한다. 그리고 기념품으로 팔 목적으로 벽돌을 훔치는 장사꾼들까지 있어서 수난을 당하고 있다는데 비해, 가욕관은 잘 보존되어 있었다. '정성전'인 벽돌을 손대거나 옮기면 성이 무너질 거라는 전설을 믿고 있는 덕인지도 모르겠다.

만리장성은 세계에서 가장 긴 군사 방어시설로 1987년 유네스코 세계문화유산으로 등재되었다. 토성으로 된 곳도 있지만 돌 하나하나가 모여 이룩된 석재 건축물이다. 진시황은 장성을 쌓기 위해 삼십만 명에서 백만 명으로 추정되는 군대를 동원하여 66년 동안 건설했다고 한다. 1368년 명나라가 들어서면서 다시 만리장성 축조에 심혈을 기울여 현재 남아 있는 장성 대부분은 명나라 때 축조된 것이다.

만리장성은 인공지능 AI가 사람의 능력을 위협하는 현재에도 중국의 역사와 문화를 대표하는 존재이기도 하다. 역개점이 의미를 부여하여 '정성전'으로 귀하게 모시는 가욕관의 벽돌과는 달리 성 쌓고 남은 돌이라면 어떻게 될까. 성 쌓는 과정에서 남은 돌들은 대부분 쓸모가 없어져 버린다. 그러나 돌은 길을 쌓을 때나 새로운 건물을 지을 때 재료로 쓸 수 있다. 두고 보면 다양한 용도로 쓰일 수 있게 되지 않을까.

우리는 살아오면서 자신을 중요하지 않고 쓸모없는 존재로 여겨 좌절하지 않았던가 되돌아보기도 한다. 나는 성경 시편 118장 22절에 "건축자들이 버린 돌이 집 모퉁이의 머릿돌이 되었다."라는 말씀을 생각하며 사소한 일을 맡았을 때 그 일에 집중하려고 노력한 일도 있었다. 만리장성도 너무나 많은 이들의 피와 땀이 있었지만 작고 소소한 돌들이 모여서 큰 성벽이 이루어진 것이다.

   그러나 만리장성은 적국을 막는 쓸모는 없어진 지 오래이다. 또 만리장성이 우주에서 유일하게 볼 수 있는 건축물이라는 가설도 중국이 우주비행사를 우주로 보낸 이후에 산산조각이 되었지 않았는가. 인류가 이뤄낸 가장 긴 성이라는 자긍(自矜)으로 문화유산으로 이어가고 있는지 모른다.

   '정성전'은 작고 소중한 것을 깨우쳐 주려고 만들어 낸 전설일까. '정성전'은 성 쌓고 남은 돌의 쓸모를 생각해 보게 하는 의미가 있는 것 같다.

[2023. 9.]

남기고 싶은 것은

해외여행에서 찍은 사진들을 수시로 버렸는데도, 차마 못 버리고 간직하고 있는 것들이 많다. 눈이 펄펄 날리는 오스트리아 빈의 중앙묘지에서 베토벤의 묘에 빨간 꽃을 바치는 사진을 들여다보고 있다. 화질이 선명하지 않아도 한쪽엔 슈베르트의 묘도 있는 사진이다. 사진 속에 표시되지 않은 당시의 마음속 움직임을 찾아보고 싶을 때도 있다. 온갖 감정이 실려 있는 빛바랜 사진 속에서 밖으로 밀려난 이야기도 찾을 수 있을 것이다.

지난 30여 년 동안 10여 차례의 해외여행에서 가장 많이 찾았고 생각나는 곳은 예술인들이 잠들어 있는 유명 묘지였다. 내가 계획했던 것도 있지만 단체여행에서 들렀던 곳이 더 많다. 위대한 이들의 업적이나 예술가들의 뜨거운 혼, 침묵으로 외치는 철학자들의 소리를 느끼며 느슨해진 삶에 자극이나 충전을 받고 싶었다. 유럽에는 여행사의 일정에 방문지로 넣을 만큼 유명인의 안식처인 성당이나 문화 예술가의 공동묘지가 많았다. 때로는 성군이거나 폭군이었을지라도 왕들의 호화묘지를 돌아보면서는 내가 좋아하는 우리네 정조대왕의 능에도 못 가본 처지임을 생각하며 "낙양성 십 리 허에 높고 낮은 저 무덤은 영웅호걸이 몇몇이며 절대가인이 그 누구냐 우리네 인생 한번 가면 저 모양이 될 터이니" 하는 민요 〈성주풀이〉를 속으로 부르며 다니기도 했다.

그러나 바티칸 베드로 성당의 지하 묘지는 밝지는 않았으나 엄숙했다. 어두컴컴하여 누구의 묘인지 확인도 못 하고 서둘러 나왔었다. 피렌체의 산타 크로체 성당에는 갈릴레오, 마키아벨리, 미켈란젤로 등 천재들의 무덤이 많다고 해서 천재들의 기(氣)가 서려 있을까 기대해봤으나, 작곡가 로시니의 하얀 대리석 무덤에 놓인 하얀 꽃다발에서 내뿜던 향기만이 지금까지 잊히지 않는다. 상트페테르부르크의 네프스키 수도원의 네 묘지 중 유명 예술가, 문학가들이 묻혀 있는 티호빈 묘지에는 마치 조각품을 전시한 장소처럼 묘 앞에 놓인 조각상과 묘비들이 보기 좋았다. 특히 십자가를 든 날개 단 천사가 차이콥스키의 두상(頭像) 뒤에 서 있고, 그 밑 묘비 옆에 기대앉아 책을 읽는 천사의 조각상이 이채롭던 차이콥스키의 묘지가 마음에 새겨졌다. 불우한 생애를 보낸 것으로 알려진 그를 돕게 하려는 의도로 천사를 곁에 두었을까. 그리고 깊은 우정을 나눴다는 독일 괴테와 실러의 관이 나란히 놓여 있는 바이마르 대공 가의 묘소, 그밖에도 서너 군데쯤 묘지에 들렀다.

빈의 중앙묘지는 겨울에 갔었다. 베토벤, 슈베르트, 브람스 묘지와 아름다운 기념비가 세워져 있는 모차르트 가묘 앞에도 선명한 빛깔의 꽃들이 많이 놓여 있었다. 나도 베토벤, 슈베르트 두 묘비 앞에 빨간 장미를 바치며 가난과 질병, 외로움 속에서 명곡을 남긴 데 대한 고마움에 경의를 표하고 마음속으로 말을 걸어보고 싶었다.

그러나 "인간이야말로 인간에게 있어서 가장 흥미 있는 것이며, 또 아마도 인간만이 인간에게 흥미를 느끼게 하는 것일 것이다."(괴테《빌헬름 마이스터》)라고 말했듯이, 인간도 죽은 자보다는 살아 있는 자에게 흥미와 관심이 쏠리게 된다. 아무리 묘지의 주인공들이 역사에 기록된 주인공들이지만 현재 살아있는 자들이 새로운 역사를 이어 나갈 이들이 아닌가. 살아있는 이들을 만나보려는 여행을 계획하고는 뉴욕의 김환기, 김창렬 화백이나 이응로 화백 등을 섭외하려는 시도도 했었다. 그러나 실행이 어려웠고 방송작가 여행단을 따라 파리에 살고 있던 피아니스트 백건우 씨를 만나러 간다는 일정에 마음이 두근거렸던 기억이 있다.

직장생활 중의 제한된 해외여행이라 시간에 쫓기며 역사의 주인공 기념관과 문화유적지, 박물관의 구경꾼으로만 다닌 시간이 부질없다는 생각이 든다.

인문학 실력을 갖춘 수필가 후배가 오랜 기간 유럽 여행 끝에 격조 있는 기행 문집을 내서 관심을 끌고 있다. 그 여성 수필가는 30만 개의 묘비가 세워져 있는 파리 라셰즈 묘지에 들렀을 때 본 진기한 얘기를 들려줬다. 문학가, 화가 등 많은 예술가가 잠들어 있는 묘역 중 유미주의자 오스카 와일드의 천사가 나는 형상의 묘비 주변에는 유리 벽이 설치되어 있다고 한다. 묘비에 키스하여 립스틱 자국을 남기는 것을 막기 위해서 유리 벽을 설치해 놓았는데, 그 유리 벽에다 많은 립스틱 자국을 남기고 있다고 한다. 괴짜로 알려졌지만 와일드의 빛나는 작품과 행적을 흠모한 여성들이 남긴 흔적일 것이다.

사실 내가 들렀던 유명 묘지의 주인들은 묘비에 업적이 자세히 적혀 있지 않아도 그들의 행적을 아름다운 환상으로라도 떠올릴 수 있고, 그 이름만 듣고도 어렸을 때 가졌던 꿈을 찾아줄 수 있는 역사 속의 주인공들이었다. 그들의 작품이나 저서만으로도 우리들 상상의 지평을 넓혀줄 수 있는 흔적들을 남겨주었기 때문이다.

아직도 많이 남아 있는 해외여행 사진들, 오스카 와일드 묘소의 유리벽에 남겨진 립스틱 자국이야 시간이 지나면 지워지겠지만, 지워지지 않을 자신의 명작을 남기고 싶은 것이 모든 예술가나 문학인들의 소망이 아닐까.

[2024. 11.]

기쁜 날

"안녕하세요."

방글방글 웃는 사내아이가 상냥하고 또렷하게 운전기사에게 인사하며 버스에 오른다. 그 밝은 소리에 기사뿐만 아니라 온 승객이 기쁜 하루를 보낼 것 같다.

대중이 모인 자리나 큰 음식점, 쇼핑센터에 갔을 때 어린이들이 있으면 긴장하기가 일쑤였다. 중요한 기물이나 상품을 함부로 만져서 훼손하고 소리를 지르며 마구 뛰어다녀서 위태로운 경우가 많았다. 남을 배려하지 않고 떠들거나 싸워도 아이들 기죽을까 봐 말리지 않는다는 부모가 요즈음엔 많다.

몇 해 전, 독일로 가는 비행기를 기다리는 인천공항에서였다. 외국인들이 많은데 아이들 두 명이 사람들 사이로 뛰어다녀서 신경 쓰게 하더니 조금 있다 보니 욕하며 싸워서 많은 이들을 불쾌하게 했다. 아이들이니 공안원을 부를 수도 없어 자리를 다른 곳으로 옮기려는데 '아무개야' 하고 큰 소리로 부르며 쫓아오는 어른이 있었다. 공중도덕이나 배려심이 없어 국제적으로 망신하는 한국 어머니와 어린이들을 보다가 비행기에 올랐다.

　독일 여행에서 처음 방문한 곳은 라이프치히의 야콥 교회였다. 바흐 음악 연주회를 보려고 미리 가서 야콥 교회를 둘러보았다. 크고 웅장하지는 않으나 화려한 스테인드글라스와 고풍스러운 강단, 성화와 성경 구절 액자가 걸려 있는 아늑한 교회였다. 그런데 초등학생들 20여 명이 선생님과 함께 들어왔다. 현장학습을 나온 것이었다. 우당퉁탕 얼마나 소란을 떨며 시끄러운 분위기를 만들까 봐 우려하면서 우리 일행은 의자 한쪽에 걸터앉아버렸다. 그러나 교사는 밖에서 기다리고 학생들만 문제를 적은 종이를 들고 발걸음 소리도 내지 않으며 이곳저곳을 돌아보고 메모를 하였다. 다른 이들에게 방해가 되지 않으려고 소리 없이 움직이다가 조용히 교회를 떠나는 모습에 감탄하여 그 2학년생들의 과제를 재빨리 알아보았다. 교회의 기둥은 몇 개, 스테인드글라스에는 어떤 빛깔이 들어 있나 등등 관찰력을 알아보는 평범한 질문들, 그러나 '교회에서 기도하고 나서 어떤 소리를 들었는가' 하는 마지막 질문이 의외였다. 종교적인 질문인가, 단순한 상상력 테스트인가 궁금했다. 나는 잠깐이지만 독일의 바람직한 교육 현장을 본 듯했다.

　요즈음 더러 아이들이 무질서하게 도덕을 안 지키고 배려 없는 모습을 보게 되면 독일 교회에서 본 아이들이 생각나고 또 한 가지 오래전에 읽었던 피히테(Johann Fichte, 1762~1814)의 《독일 국민에게 고함》을 떠올린다. 벌써 100여 년 전의 일이지만, 피히테는 패배주의에 빠져 있는 독일 국민에게 독일 혼을 다시 일으켜 무너져 가는 나라를 일으키자고 호소하였다. 그는 나폴레옹의 탄압을 피해 다니며 1807년 12월에 시작하여 다음 해 3월까지 베를린 학사원에서 매주 일요일에 독일 재건의 길은 국민정신의 진작에 있다고 강연했다. 이에 감명받은 독일인들은 초등학교 교육에서부터 시작, 특히 아동들에게서부터 새로운 도덕의 기풍을 다시 일으키는 교육을 시작하였다.

우리나라에서도 광복 이후 초·중·고교에서 반만년 역사에 긍지를 갖고 배달 민족의 우수성과 함께 나라 사랑에 대한 교육을 받았다. 그리고 도덕심, 정직의 중요함에 대해서도 많이 배웠다. 그러나 급속도의 문명 발달과 높은 교육비 부담을 피해 한 자녀 위주가 됨에 따라 도덕심 교육에서는 퇴보한 셈이다. 성적 위주, 적자생존을 위해서 시민정신이나 도덕교육은 눈감아주고 자녀들 비위를 맞추며 지내는 것이다. 학교에서나 가정에서 민주사회 시민으로서의 극히 상식적인 가르침이 소홀해진 것 같다. 그러다 보니 어린이 때부터 도덕심보다 이기적이고 물신주의로 바뀌고 남을 위한 배려나 존중이 없어져 버렸다.

피히테는 나라의 재건을 위하여 국민정신의 진작을 역설했지만 초등학교 교육, 특히 아동들에게서 도덕의 기풍을 다시 일으키자고 했다는 점이 기억에 남아 있다. 초등학생들에게 애국애족하자거나 희생 봉사하자는 거창한 내용을 가르친 것이 아니고 가장 상식적이고도 소박한 시민정신의 실천을 강조했다. 이를테면, 우산을 들고 나왔는데 비가 오지 않을 때는 우산을 겨드랑이에 끼고 가다가 다른 사람에게 부딪힐 수도 있으니, 길이로 세워서 들고 걸어가야 한다는 식으로 다른 사람을 배려해야 한다는 가르침을 초등학교 어린이로부터 시작한 것이다.

이런 교육을 받은 독일 어린이들이 자라서 몇십 년 후 꽃 피고 열매를 맺게 되었다고 한다. 어린이들이 무엇을 보고 자라느냐, 무얼 생각하고 어떤 교육을 받고 있느냐에 국가의 장래가 좌우된다고 보는 것이 어찌 독일뿐일까. 작년엔 세계적으로 경제위기와 국제정세도 불안했고, 코로나 팬데믹도 끝나지 않았다. 새해를 맞았어도 밝은 전망은 구체적으로 안 보이지만 그래도 정치를 불신하고 염려하기만 해서는 안 될 것 같다는 생각을 늘 하고 있다. 그리고 독일처럼 어려서부터 이웃을 배려하고 다른 사람들에게 피해를 주지 않으려는 마음을 갖게 해야 한다는 생각도 잊지 않고 있다.

오늘도 그런 생각으로 외출에서 돌아오는 발걸음이 무겁기만 한데, 아파트 현관 앞으로 재빠르게 앞질러 가는 어린이가 있다. 화장실이 급한가 생각하는데, 번호판에서 비밀번호를 누르고 문이 열렸는데도 이내 들어가 버리지 않고 걸음이 느린 나를 기다리느라 문에 몸을 기대고 있었다. 어른들도 조금 뒤에 오는 나를 무시하고 그냥 들어가 버리는데 어린이의 배려가 눈물겨웠다.

오늘은 아침부터 고마운, 참 기쁜 날이다. 다른 사람을 배려하는 어린이들이 성장하면 우리 모두에게 행복의 가능성이 커질 것이다.

[2023. 3.]

나만의 길

　오래전 해외여행 때 시차 때문인지 일찍 잠에서 깨어났다. 로마 교외 호텔이어서 안개 낀 새벽에 밖으로 나오니 정원이 작은 숲으로 이어졌다. 작은 나무로 다가가면 안개 속에서 붉은 열매가 드러났고 발밑으로 이슬 맺힌 풀꽃이 다가왔다. 얼마쯤 가노라니 나뭇가지에 앉았던 작은 새 한 마리가 포로롱 날아올랐다. 나도 모르게 안개가 덜 걷힌 길을 따라가려 했지만 시야에서 사라져 버려 섭섭했다. 문득 중2, 1학기에 전학 갔을 때 친절하게 도와주던 친구가 교회 소풍날 나를 두고 사라졌던 때의 섭섭함이 되살아났다.

　여러 식구가 좁은 방 한두 개에서 어울려 살던 가난했던 시절, G읍으로 전학했는데 고모님은 이웃집 방을 얻어 간이책상을 놓고 친구 J와 나, 친척 동생과 함께 공부방으로 쓰게 해줬다. 친구 J는 사범 병설 중학생으로 나와 학교는 달랐으나 동갑내기 교회 친구로 타향살이에 적응 못 했던 나를 언니처럼 도와줬다. 그런데 나는 채 1년도 안 되어 집이 있던 Y면으로 전학을 오는 바람에 J와 헤어졌다.

　친구를 다시 만난 건 어른이 되어 서울에서다. 드문드문 소식은 들었으나 만나기는 15년 만이었다. 친구는 사범학교를 나와 초등학교 교사로 재직 중이었다. 워낙 유능하여 서울의 명문 사립 G초등학교에 스카우트 되어 왔고, 나는 M방송사의 PD로 재직 중이었다. 나는 친구에게 20년 전 공부방 책상머리에 쓰여 있던 친구의 붓글씨 '自訓'이란 말이 잊히지 않고 본인의 그림을 붙여놓은 것이 부러웠다고 했다. 친구 J는 '나의 길'이란 제목 아래 몇 줄 좌우명으로 썼던 나의 글이 좋았고 책꽂이에 꽂혀 있던 소년 소녀 잡지가 부러웠다고 했다. 그러나 교회 소풍을 갔을 때 그 친구가 사라져 버려서 당황했고 섭섭했던 일은 말하지 않았다. 나와 손잡고 가던 J를 앞서가던 누군가가 데려갔다. 나는 천천히 그들 뒤를 따라가다가 길을 잃어 소풍 목적지에 못 가고 집으로 돌아와 버린 일이 있었다.

친구 J와 오랜만에 만났던 무렵, 프랭크 시나트라가 부른 〈마이 웨이(My way 나의 길)〉가 자주 방송되고 청취자들도 좋아했다. 나는 어렸을 때 우연히 만들었던 '나의 길'이란 제목과 같은 이 노래를 들을 때마다 노래 가사와는 관계도 없는 나의 풋풋하나 우울했던 날을 떠올리곤 했다. 교회에서 소풍 때 잃어버렸던 J에 대해 섭섭함은 성장하면서 다 사라졌는데도 잊히지는 않았다.

나는 영어 실력이 없어서 〈마이 웨이〉의 'And now the end is near(이제 끝이 다가오네)'와 'Yes, It was my way(그래. 내가 걸어왔던 나의 길이었네)'란 첫 가사와 맨 끝 가사밖에 못 알아들었다. 알아보니 이 노래를 부른 프랭크 시나트라(Frank Sinatra, 1915~1998)는 당시 54세의 배우, 가수로 이혼과 영화 사업 실패 등 슬럼프를 겪고 있어서 은퇴를 생각하고 있었기에 이 노래를 부르고 싶지 않아 했다고 한다. 그런데 가수인 딸 낸시 시나트라의 권유로 부른 이 노래로 프랭크 시나트라는 제3의 전성기를 열 수 있는 전환점이 되어 이후 29년이나 더 살았다.

가사 자체가 생을 마감하는 사람이 자기 일생을 돌아보는 내용이어서 영국에서는 장례식장에 많이 틀어놓는 노래라고 한다. 그러나 시나트라 이후 세계적인 남녀 가수들이 계속 취입하여 몇십 년째 인기가 계속 중이고, 나의 주변에서도 가창력 있는 남성들이 애창곡으로 멋지게 불러서 환호를 받기도 한다.

어렸을 때 공부방 동지였던 친구와 나는 정년퇴직한 지 오래고 건강이 좋지 않을 나이이다. 〈마이 웨이〉 가사 중에 "난 충만한 인생을 살았고(Ive lived a life that's full.) 갈 수 있는 모든 길을 가보았다네(I traveled each and very highway.)"를 들으면 어떤 생각을 할까. 친구는 후세에 길이 남을 화가가 되고 싶던 꿈을 이루지 못했기에 충만한 인생을 살았다는 대목에서 고개를 저을까, 아니면 그래도 '나만의 길'을 잘 걸어왔다고 자부할까.

한동안 소식이 없는 친구를 한번 만나고 싶던 중, 최근 그 친구와 사범학교 동창인 L시인에게서 경도 치매로 길을 못 찾아 동창회에 못 나온 지 오래라는 소식을 들었다. "나는 나만의 길을 걸었다는 것이네, 후회라, 몇 번 있었지." 이런 가사도 들어 있는 〈My way〉 CD를 보내면 옛 기억을 되살릴 수 있을까.

[2024. 4.]

2

광개토대왕과의 대화

　국립중앙박물관에 디지털 비석으로 되살린 '광개토대왕비'가 세워졌다고 한다.(2024년 1월 25자 조선일보) 고구려 멸망 후 광개토대왕비(廣開土大王碑)는 중국 지린성(吉林省) 지안(集安) 들판에 오랫동안 버려졌다.
　조선 초에 그 존재를 알았으나(용비어천가에 나옴) 그곳이 여진(女眞) 땅이어서 직접 조사하거나 비문 내용을 확인하지 못하고 있었다. 청나라 때(1877년) 밭을 갈던 농부가 이끼 낀 비석을 발견하여 중국인들이 탁본하려고 이끼를 태우다가 비면의 일부가 훼손되었다. 거기에 석회를 발라 손상된 글씨를 새길 때 비문이 조작되는 등 수난을 겪었다. 고구려뿐 아니라 우리 고대사 최고의 금석문으로 평가되는 그 비석이 지안의 비각 안에 갇혀 있다는 것을 안타깝게 여겨오던 터였다.
　MBC 재직 시에 TV 스튜디오 구석에 있던 비석을 보고 놀랐다. 교과서에서 사진으로 본 광개토대왕비 모형비로 다큐멘터리 제작용으로 특별히 제작한 것이었다. 우리의 영토를 만주까지 넓힌 광개토대왕의 업적 등을 새겨 왕릉 앞에 아들 장수왕(長壽王 2년, 414년)이 세웠다는 광개토대왕비. 회색 종이를 녹여서 만든 것인데도 실제 비석을 보듯 감격스러워 남들이 못 본 희귀한 것을 보았다며 자랑하고 싶었다.

자랑이라면 어렸을 때 일이 또 있었다. 공주여중에 다닐 때 유관순(柳寬順) 열사의 육촌 동생이 우리 반 급우였고 유관순이 어렸을 때 다녔다는 빨간 벽돌의 영명학교가 우리 집에서 멀지 않은 산 중턱에 있다는 것도 마음속의 자랑이었다.

정작 우리나라의 자랑거리는 우리 영토를 최대로 넓혔던 광개토대왕과 침략당한 우리나라의 독립을 위해 투쟁했던 유관순 열사가 아닐까. 3·1 독립 만세를 잊지 않아야 할 3월. 유관순은 이화학당에 다니던 1919년, 고향 사람들과 독립운동을 하려고 독립선언서를 숨겨서 고향 아우내로 돌아갔다. 그리고 조카를 데리고 매봉산에 올라 사흘 동안 나라를 위해 기도했다고 한다.

…… 원수 왜(倭)를 물리쳐 주시고 이 땅에 자유와 독립을 주시고, 내일 거사할 대표들에게 더욱 용기와 희망을 주시고 이로 말미암아 이 민족의 행복한 땅이 되게 하소서. 주여 같이 하시고 이 소녀에게 용기와 힘을 주소서. 대한민국 만세.

광개토대왕릉비는 광개토왕이 사망한 2년 후 아들 장수왕이 부왕의 능을 조성하며 건립하였다. 비가 세워진 곳은 고구려의 수도였던 국내성(國內城) 지역으로, 평양으로의 천도 이후에도 정치·문화적으로 중요한 곳으로 기능하였으나, 668년(보장왕 27년) 고구려가 망한 이후에는 과거의 영화를 뒤로 한 채 방치되었다.

광개토대왕은 비석에도 새겨 있듯이 우리 영토가 북으로는 만주, 남으로는 임진강과 한강 유역에 이르게 했으나, 전쟁에 지친 백성들의 살림을 돌보는 데에도 힘썼던 성군(聖君)이었다고 한다. 그 아들 장수왕은 우리 국운이 흥할 때여서 자기가 세운 비석이 뿌리내린 나무처럼 오래 우뚝하기를 바랐을 것이다.

넓혔던 영토를 중국에 빼앗기고, 오랜 후 구한말에는 일본에게 주권을 빼앗겼던 우리나라. 대학 시절에는 일본인의 비문 조작 사실을 배우며 분개했다. 우리보다 비석 연구에 앞장섰던 일본인들이 탁본을 만들면서 훼손된 비면의 글자를 새길 때 자기네 국력이 우수했다고 해석될 글자를 넣었다는 재일 역사학자 이진희(李進熙)의 비문 위조설, 그리고 정인보(鄭寅普) 선생이 '倭以辛卯年來渡海破百殘○○新羅以爲臣民(왜이신묘년래도해파백잔○○신라이위신민)' 문장의 해석을 '신묘년에 왜(倭)가 바다를 건너와 백제와 신라를 파하고…'로 해석해야 함에도, 문장의 주어를 '왜'가 아닌 '고구려'로 보고 '왜가 신묘년에 고구려를 침략하여 왔으므로 고구려가 공략하여 왜를 무찔렀다'라고 해석함으로 일본이 자기네의 해석이 정통학설이라 하며 식민지 지배를 합리화하는데 이의를 제기한 바 있다.

이런 비문 위조설 등은 국제적으로 큰 논란을 일으켰는데 1984년 중국학자 왕젠쥔(王健君)의 연구 발표로 해명되었다. 지안 현지에서 비를 실측하고 관련 기록을 검토하며 연구를 진행한 왕젠쥔은 현지인들과의 인터뷰와 문헌 기록에 근거하여 비에 석회가 칠해져 일부 글자가 인위적으로 수정된 것은 일본 육군 참모부와는 무관하며, 탁본을 팔던

초씨 부자의 소행이라는 결론을 내린 것이다.(우리역사넷 참조)

　몽골 여행 때 울란바토르에서 테를 유원지로 가는 황막한 벌판에서 몽골이 돌궐 시대 때 톤유쿠크라는 명장이 세운 비석을 보았다. 땅속에 묻혀 있던 것을 1870년경 필리핀 학자가 발굴했다고 한다. 고대어(古代語)여서 해독할 수 없었는데 발굴 23년 만에 해독한 내용 중에 "중국인과 가까이하지 마라. 그들과 가까이하면 우리 유목민은 없어지고 만다."라는 경고가 있다고 했다. 동북공정을 주장하는 중국의 막강한 대륙 세력, 그들은 고구려가 국력으로 정력적인 정복 사업을 펼쳤다는 것이 못마땅해서인지 광개토대왕비를 비각 안에 넣고 공개하지 않는다고 한다. "중국인과 가까이하지 마라. 그들과 가까이하면 우리 유목민은 없어지고 만다."라는 톤유쿠크 비의 내용이 생각나기도 한다.

　진(晉)나라의 노자(老子)학파인 육운(陸雲)이 한밤중 길을 잃어 불 켜진 집에 찾아가 하루 재워주기를 부탁했다. 쾌히 승낙한 주인과 밤새도록 노자의 철학으로 얘기하다가, 날이 밝자 친구의 집에 가서 그 얘기를 했더니 그 벌판에는 집이 한 채도 없다고 했다. 그 말을 듣고 육운이 그 근처에 가보니 집은 없고 '王弼之墓'라고 쓴 비석이 하나 있을 뿐이었다고 한다.(왕필은 노자학파로 후세에 길이 남은 주석(註釋)을 쓴 사람이다.)

　나라 사랑의 달, 국립중앙박물관에 세운 디지털 비석 '광개토대왕비'를 찾아가면 광개토대왕과 대화를 나눌 수도 있지 않을까.

[2024. 3.]

과녁을 향하여

지난 8월, 파리에서 열린 올림픽 양궁 결승전에서 우리나라 김우진 선수가 미국의 앨리슨과 10점에서 4.9mm 앞서 금메달 따는 장면을 보았다. 근소한 차이의 아슬아슬한 승리를 보며 세계적인 전설의 명궁(名弓) 빌헬름 텔이 생각났다.

독일 고전주의 문학을 괴테와 함께 꽃피운 프리드리히 실러(Friedrich Schiller, 1759~1805)의 희곡《빌헬름 텔》. 올림픽에서는 4.9 mm 차이로 금메달, 은메달을 가리는 것으로 조마조마했지만, 아시다시피《빌헬름 텔》에서의 아버지 텔은 아들의 머리에 놓인 사과를 맞춰야 하기에 1mm의 오차도 허용할 수 없었다.

법학을 전공한 실러는 괴테(Johann Wolfgang von Goethe, 1749~1832)의《젊은 베르테르의 슬픔》과 셰익스피어의《오델로》등을 읽고 희곡작가가 되기로 결심하고는 괴테와 편지를 주고받으면서 첫 작품《도둑들》을 썼다. 그러나 이 작품이 반전제적이라는 이유로 오이겐 공작의 노여움을 사서 피신을 해야 했다. 바이마르로 간 실러는 가명으로 작품 활동을 하며 잡지 편집자로 일할 때 괴테를 만나(1794년) 더욱 친밀해졌다. 독일에 갔을 때 바이마르 국립극장 앞에 서 있는 괴테와 실러가 나란히 걷는 청동상을 보고 반가웠던 나는, 대공가의 묘소에도 괴테와 실러의 관이 나란히 놓여 있는 것을 보고 감탄했다.

13세기 중엽, 오스트리아 합스부르크 왕가의 지배를 받던 스위스를 배경으로 명사수 빌헬름 텔이 태수 헤르만 게슬러의 음모를 이겨내고 독립운동 동지들과 뜻을 함하여 독립을 쟁취하는 내용을 어렸을 때 축소판 동화로 읽었다. 그때는 우리도 일제에서 광복된 지 얼마 안 되었던지라 옛날 동화 속의 일인데도 감격했고 공감했다.

스위스가 오스트리아의 속국 시절, 오스트리아는 스위스에 잔인한 영주들을 보내 다스리게 했다. 빌헬름 텔이 사는 우리(Uri) 주에 악랄한 태수 헤르만 게슬러를 보냈는데, 그는 알트도르프 광장 장대에 자신의 모자를 걸어놓고 지나는 이들이 모자에 절을 하도록 했다. 어느 날 빌헬름 텔이 그 사실을 모른 채 지나쳐 게슬러의 노여움을 사게 된다. 태수 게슬러는 텔에게 아들의 머리 위에 사과를 올려놓고 80보 앞에서 활로 쏘아 맞히라는 명령을 내린다. 텔은 아버지의 실력을 믿는 대담한 아들에게서 용기를 얻어 그 사과를 화살로 명중시켰지만, 실패했을 경우 게슬러를 쏘려고 숨겨놓았던 화살이 발각되어 체포되었다.

텔이 체포되는 장면을 읽으면서 우리 부모 세대들이 일제강점기에 당했던 고초가 떠올랐다. 그중에도 우리 교회 목사님인 친구 아버지가 신사참배를 거부하여 감옥에서 핍박받았던 일, 내가 태어나기 훨씬 전의 일이었지만, 먼 지역에서 독립운동했던 투사처럼 자랑스럽게 여겼었다.

성인이 되어 실러의 5막 극 《빌헬름 텔》이야말로 독립운동을 상징하는 빌헬름 텔을 주인공으로 자유를 크게 확대시킨 것임을 알게 됐다. 이제 내년이면 광복 80주년을 맞게 되는 우리나라는 아직도 좌우·보수·진보로 나뉘어 국력을 높이는 속도가 더디어져서 안타깝다. 로시니가 작곡한 오페라 《빌헬름 텔》 중에서 경쾌한 〈스위스 군대의 행진곡〉을 들으면 우리 광복 때의 기쁨이 찾아질 듯하여 자주 듣지만, 우리네 현실은 그렇게 경쾌하지 못하다.

빌헬름 텔은 실존 인물이 아니고 스위스에서 설화로 전해오는 명궁이라고 한다. 괴테는 1775년과 1795년 사이에 스위스를 여행하면서 빌헬름 텔의 전설을 듣고 그 사실을 제재로 한 서사시를 구상하고 자료를 수집했다. 그런데 친구 실러가 이 설화를 극화하고 싶어 하자 모든 자료를 주어 희곡 《빌헬름 텔》을 쓰게 했고, 실러가 완성한 작품에 칭찬을 아끼지 않았다는 작품 탄생의 일화가 귀하게 생각된다.

내가 바이마르의 밝고 아늑한 실러하우스에 들렀을 때 《빌헬름 텔》을 썼다는 서재에서 그 작품을 쓰게 된 배경과, 괴테가 본 실러의 작업 일화도 들었다. "실러란 인간은 한번 이렇게 하겠다고 마음을 먹으면 반드시 하고야 마는 성격의 소유자였다. 그리고 그는 언제나 이런 식으로 관철하였다. 실러가 《빌헬름 텔》을 쓰려고 생각하였을 때, 그때 서재의 벽이란 벽에는 스위스의 특수한 지도를 모조리 구해다가 붙이기 시작했다. 그다음으로 다른 이들이 쓴 스위스 여행기를 모두 읽고 작품을 썼다."라고 한다.

괴테의 성의 있는 협력과, 작품 속 빌헬름처럼 철두철미했던 실러.

시대를 뛰어넘는 명작을 쓰려고 집착하여 성공을 이뤄내는 작가정신과, 뛰어난 재능의 선수들이 피나는 연습으로 한 순간에 인간의 한계를 뛰어넘는 실력으로 금메달을 따는 것, 이들의 성격엔 차이가 있지만, 승리를 위한 집념으로 얻어낸 영예의 가치는 다 같이 높을 것이다.

  명작의 탄생은 결국 인간의 가슴을 향한 감동이란 과녁을 향하여 명중시키려는 노력으로 가능할 것이다.

[2024. 10.]

미리 써놓은 편지

"내 사랑하는 아가야. 네게 애원하니 나를 생각지 말고, 나 때문에 아무것도 염려하지 말고, 용감한 사나이가 되어다오. …중략… 무엇보다 빨리 아름다운 책을 쓰도록 해라. 그러고 나면 어떤 일이 생겨도 훨씬 쉽게 위안을 받을 수 있을 테니 말이다. 넌 항상 예술가였다.… 용감해야 한다. 엄마."

프랑스의 공군 조종사이자 외교관, 콩쿠르상을 받은 작가 로맹 가리(Romain Gary, 1914~1980)의 자전적 소설 《새벽의 약속》(심민희 역, 문학과 지성사 2007) 거의 끝부분에 나오는 어머니의 편지로 작가는 '백 번이나 읽고 또 읽었다.'라고 고백한다. 유대계 러시아인 로맹 가리의 홀어머니가 러시아 혁명 때 유럽으로 피난 가서 지난한 생활 중에도 아들의 미래를 위해 노력하는 모습이 담겨있다.

그의 어머니는 늘 아들에게 희망의 말을 전해주며 용기를 북돋워 주었다. 그도 어릴 때 어머니가 침대 머리맡에서 속삭여준 '새벽의 약속'을 이루려고 노력하였다. 사람들 앞에서 "너는 영웅이 될 것이다.

너는 장군이 되고, 가브리엘레 단눈치오가 되고 프랑스 대사가 될 것이다."라고 어머니가 외치던 것을 성취하려고 했다.

《새벽의 약속》은 빅서 해안에서 회상하며, '끝났다'라는 첫마디로 시작하여 '나는 살아냈다'로 끝내는 소설이다. 성공하지 못한 여배우로 미혼모인 어머니는 난민에 대한 멸시와 생활고에도 용감하고 유머가 있다. 어려운 형편에서 자신은 고기를 싫어한다면서 아들의 점심엔 꼭 스테이크를 해주는데 어느 날 엄마가 스테이크를 구운 프라이팬의 기름을 핥는 것을 보게 된 아들.

《새벽의 약속》은 그가 44세에 쓴 것으로 자신의 재능과 그것을 발현토록 한 교육 그리고 미래의 꿈이 어머니의 절실한 사랑에서 왔다는 것을 보여준다. 당뇨병으로 중년 넘어서부터 인슐린 주사를 맞는 어머니였기에 아들의 마음이 초조했다. 인생의 새벽에 스스로에게 했던 약속 "서둘러야겠다는 것을, 어서 빨리 불후의 명작을 써야겠다고 느껴… 나는 사력을 다해 작품에 매달렸다."라고 했다. 글 쓰는 작업은 전쟁터에서도 계속하여 《새벽의 약속》 이전에 그를 소설가로 만들어 준 《유럽의 교육》도 출격에서 돌아와 밤새 막사에서 썼다.

로맹 가리가 수많은 실패를 거듭하면서 성공하기까지는 모든 여정에 실망하지 않고 믿음을 가진 어머니의 편지가 함께 했음이 다른 어머니들과 차별화되었다고나 할까.

전쟁이 일어나자 영국으로 망명, 연합군 공군 조종사가 된 로맹 가리에게 어머니는 점령지에서 희망과 용기를 주는 편지를 계속 보낸다. "어머니는 편지 속에서 나의 찬란한 무훈을 묘사하곤 했는데, 고백하

건대 나는 그것을 어떤 즐거움을 느끼며 읽곤 하였다. '우리는 신문에서 너의 영웅적 전과에 대한 이야기를 감사와 경탄으로 읽었단다.'(《새벽의 약속》 372쪽)." 독일 비행기가 영국 비행기에 의해 격추될 때마다 그 승리를 아들에게 돌렸던 편지를 비롯, 장티푸스로부터 회복한 후 '그래서 나는 소생했다. 내 어머니의 의지와 생명력과 용기가 계속 내게 흘러와, 나를 먹여 주었던 것이다.'라고 쓰고 있다.

3년 동안 어머니를 만나지 못했지만 사랑이 듬뿍 담긴 편지를 계속 받아볼 수 있었던 아들, 고향으로 갈 때에는 편지가 250통에 이르렀다. 그리고 마지막 편지에는 다음과 같은 내용이 적혀 있었다.

"아들아, 내가 한 잘못을 용서받을 수 있다면 좋겠구나." 도대체 무슨 잘못을 했다는 것인지 그는 상상이 가지 않았다. 전쟁이 끝나고 그는 많은 훈장을 갖고 고향으로 달려갔다. 하지만 그를 반겨줄 어머니는 이미 돌아가셨다. 아들에게 보낸 250통의 편지는 어머니가 숨지기 전 몇 달 동안 아들에게 희망을 주기 위해서 온 힘을 다해 미리 써 놓았다. 그리고 친구에게 1주일 간격으로 아들에게 보내 달라고 부탁했던 것이다.

첫머리에서 인용한 어머니의 편지를 작가는 백번이 넘도록 읽었다는데, 아들은 "그 편지 속에는 거의 절망한 것 같은 억양이, 전에 없던 장중함과 어떤 억제가 있는 데다, 처음으로 프랑스 이야기를 하지 않고 있었다. 가슴이 죄어들었다. 무엇인가가 잘 되어가고 있지 않다. 무엇인가 말하지 않고 있는 것이 이 편지 안에 있다. 그리고 또 이제 점점 더 어머니의 편지 속에서 강조되며 반복되는 약간 이상스러운 격려도 있었다."라고 한다. 왜 그렇지 않겠는가. 죽음을 앞두고 자신의 사후에 아들이 받게 될 편지를 쓰는 어머니의 마음이 어찌 평온할 수 있었을까. 자신이 죽은 줄 알면 아들이 실망할까 봐 고통을 참으며 250통의 편지를 써놓은 애끊는 모정.

"내가 내 인생의 새벽에 나 자신과 맺은 약속을 생각하였다. 어머니 말이 다 옳았던 것이 되게끔 만들리라. 어머니의 희생에 의미를 주리라."며 로맹 가리는 어머니의 기대와 희망을 이루려고 노력하였고, 어머니가 미리 써놓았던 편지가 큰 영향을 주었다.

모든 어머니에게 자식은 다 소중하지만, 성공에는 미리 써놓은 편지처럼 어머니의 기대와 희망이 큰 원동력이었음을 되새기게 한다.

[2023. 7.]

어떤 목소리

'꿈이 현실이 되는 이곳 아바 드림호 이륙합니다.'라는 MC 두 사람의 구호에 맞춰 아바 드림호가 이륙, 우주비행을 떠나는 것으로《아바 드림(AVA DREAM)》의 첫 방송(TV조선, 2023년 10월 3일)이 시작되었다. 시공간을 초월한 가상 세계에서 가상의 아바타가 등장해 환상적인 무대를 선보이는 한국 최초의 메타버스 AI 음악 쇼《아바 드림》.

첫 출연자 '기록희' 은가은과 '음악깡패' 신인선의 개성 넘치는 무대에 이어서 1시대의 트렌드 리더였던 故 김성재의 헌정 무대가 펼쳐졌다. 먼저 세상을 떠난 가수 아바타가 우주공간에서 등장했다. 27년 전 노래하던 때의 복장과 놀라운 가창에 드림 캡처들이 '똑같아' '멋있어'를 연발했다. 스튜디오에 드러머로 나온 동생 성욱 씨는 형과 함께했던 기억들을 이야기하고, 형과 〈말하자면〉의 듀엣 무대를 보여줬다. 고인의 모습을 완벽히 복원한 AI 기술과 그의 생전 인터뷰, 그리고 노래에서 추출한 음성으로 만든 김성재의 목소리가 놀라웠다. 둘의 듀엣 무대가 끝나고 사라졌던 김성재 아바타가 나와서 동생 성욱에게 '나와줘서 고맙고 멀리서라도 응원할게.'라고 했는데 이 말에 '형이 진짜였으면 더 좋았겠구나'라는 동생의 마음이 얼마나 두근거릴까 생각하며 내 가슴이 뭉클하였다.

나는 30년 전 라디오 PD 시절, 제34회(1992년) 그래미어워드에서 3관왕(올해의 레코드상, 올해의 앨범상, 올해의 노래)을 받은 냇 킹 콜(Nat King Cole, 1919~1965)과 나탈리 콜(Natalie Cole, 1950~2015)이 부른 〈언포게터블(Unforgettable)〉을 들을 때도 가슴 뭉클했다. 그때는 유튜브가 없어서 그래미상 시상식 실황은 볼 수 없었다. 그러나 시상식 무대에서 나탈리는 아버지가 1951년에 부른 〈언포게터블〉을 디지털로 복원해 자기 목소리를 입힌 듀엣곡을 틀고, 생전 아버지의 모습을 영상으로 만들어 재생한 무대가 화제였다는 소식에 관심을 가졌다.

그 시상식에선 돌아간 아버지 냇 킹 콜과 살아 있는 딸 나탈리가 나누는 대화 장면은 없었다. 그런데 김성재 AVA는, 동생이 군대에서 형에게 보냈으나 편지가 도착하기 전에 형이 숨져 못 받았던 편지를 낭독한 동생에게 엄마와 가족의 안부까지 묻는다. 기쁨과 함께 아쉬움을 표현한 동생은 진짜로 형을 한 번만이라도 보고 싶었던 평소의 염원을 조금은 푼 셈일까.

66년 전 뜻밖에 일찍 돌아가신 아버지의 죽음이 나는 한동안 믿기지 않았다. 집안에 들어서면 내 이름을 부르는 소리가 어디서 들리는 것 같아 당황했고 어디선가 내가 가는 길을 말없이 바라보고 계실 것 같은 생각이 오래 따라다녔다. 살아계실 때는 심신이 유약한 딸 걱정으로 통제와 금기사항이 많았기에 순종보다 불평이 많았었는데.

나탈리 콜은 수상소감에서 "나에게 이렇게 훌륭한 유산을 남겨준 아버지께 감사한다."라고 밝혔다고 한다. 그런 그녀도 아버지를 원망하던 때가 생각났을까. 나탈리 콜은 8살 때부터 아버지의 무대에 섰지만 쉽게 성공하지 못했고, 그녀가 15살 때 냇 킹 콜은 폐암으로 사망했다. "넌 분명히 좋은 가수가 될 거야. 나보다 더 많은 사람에게 힘이 되는 가수가 되겠다고 약속해 달라."는 아버지의 유언을 생각하며 성인이 된 나탈리 콜은 가수가 되려고 뉴욕으로 갔다. 아버지가 설립한 음반사에 들어가지 않은 나탈리는 밤마다 뉴욕 클럽에서 노래를 부르며 실력을 키워나갔다. 드디어 나탈리는 싱글 〈디스 윌 비(This will be)〉를 발표해 빌보드 차트에 올랐고, 25세(1975년)에 그래미어워드 신인상을 받으며 단숨에 최고의 가수 대열에 올랐다. 하지만 전설적인 가수인 냇 킹 콜의 명성을 넘어설 수 없어 괴로워했다고 한다. 언론은 나탈리 콜이 아버지의 후광을 업고 인기를 얻었다고 주장하여 그녀를 스트레스에 빠지게 했다. 결국 아버지를 원망도 하다가 마약에 손을 댔다. 소속됐던 음반사는 마약 물의를 일으킨 그녀와 재계약을 거부했다. 긴 공백기로 사람들에게 잊혀져 갈 때 그녀도 아버지를 그리워하게 되었을까.

아버지 냇 킹 콜은 1950년대 최고의 가수로, 깊고 풍부한 음색으로 달콤한 사랑을 노래하며 대중의 사랑을 한 몸에 받았다. 우리나라에서도 6·25전쟁의 폐허에서 일어설 때 그의 노래로 위안을 받은 이들이 많았다.

나탈리 콜은 공백기 10년을 보내면서 아버지가 걱정하는 목소리를 환청으로 들었을 것 같다. 자신의 어린 시절 사진을 찾아보던 나탈리는 아버지의 목소리 아닌 편지를 발견했다. '나탈리, 오늘도 아빠는 네 노래에 용기를 얻는다. 훌륭한 가수가 돼 무대 위에서 노래하는 네 모습을 보고 싶구나'라는 편지. 이때 나탈리 콜은 다시 노래를 하기로 결심했다. 그래서 아버지의 목소리와 자신의 목소리를 더한 〈언포게터블 – 위드러브〉를 발표하였고, 그래미어워드에서 딸과 아버지 영상으로 감동의 합동무대를 마련한 것이었다.

최고의 가수 냇 킹 콜의 딸이라는 꼬리표로 힘들어했던 나탈리 콜은 아버지를 깊이 이해하고, 돌아가신 뒤에도 진정한 아버지의 사랑이 이어졌음을 깨달아 비로소 최고의 디바가 될 수 있었다.

《아바 드림(AVA DREAM)》쇼에 나온 김성재의 동생 성욱도 우월한 형에게 위축되었을지 모르지만 "형은 나에게 있어 영웅이자 이상형이다. 언제나 형이 자랑스럽다."라고 고백하며 형을 따라 노래를 전공한다고 했다.

메타버스 환상적인 AI 쇼를 보면서 최신 기술에 감탄하기보다 나를 북돋아 주던 아버지의 응원 어린 어떤 목소리를 그리워하게 되었다.

[2023. 12.]

언제까지 짝사랑인가요

마주 앉아 도란도란 이야기를 나눌 수는 없지만 나 자신에게 타이르듯 편지를 써봅니다.

지난 9월 TV에서 《안 싸우면 다행이지》(MBC TV, 월요일 밤 9시)를 보면서 느꼈습니다. 왕년의 인기 야구 선수들이 무인도인 야도에 가서 낚시질, 투망, 해루질로 끼니를 해결하며 이틀을 지냈습니다. 갯벌에 빠지고, 썰물이 지나간 바위를 들추며 오랜 허탕 끝에 소라나 멍게, 낙지 한 마리라도 잡으면 내가 잡은 것처럼 박수치며 좋아했습니다. 더욱이 수확 성적이 낮은 이를 방출 대상으로 한다고 해서 필사적으로 노력하며 애쓰는 모습들이 우습기도 하고 눈물겨웠습니다. 그들을 보며 맹렬 여성도 못되고 필살기 하나 없이 경쟁사회인 직장에서, 퇴직해서도 전전긍긍하며 살아온 내 모습도 저러지 않았을까 되돌아보았습니다.

요즈음 들어 유년의 기억을 떠올리는 것은 나이 들어 모천으로 돌아가는 연어 같은 마음 준비라고 해야 할까요. 어렸을 때 긴 다리(橋)가 있던 G읍에 살았습니다. 다리 건너 들판으로 친구들과 놀러 갔다가

해지기 전에 집으로 돌아와야 하는데 늦어서 걱정되었습니다. 마침 마차를 몰고 다리를 건너가려는 아저씨를 만나 "태워 주세요." 했더니 "언니가 있는 사람만 타라."고 해서 언니가 있는 Y와 언니도 없는 C가 냉큼 올라타고 가버렸죠. 언니가 없는 나와, 언니가 있는 J는 언니에게 피해가 갈까 봐 겁나서 마차를 못 타고 천천히 걸어와서 부모님께 꾸중을 들었습니다. 그러나 그때 다리 아래 흘러가는 강물을 내려다보며 뭔가 역동적인 충동을 느꼈기에 어머니의 꾸중도 고깝지 않았습니다.

그때는 잔잔한 감동의 물결이 오래도록 여운으로 남는 글을 써보고 싶다는 요즈음의 욕심 같은 것은 없었지만, 바람 따라 그대로 흘러가 버리는 것이 덧없는 삶이라는 철부지의 깨달음 같은 것이었을까요.

굽이굽이 돌아 흐르는 강물처럼 인생의 힘든 굽이를 몇 번이나 거쳐 왔습니다. 어려운 일을 만나면 어렸을 때 다리에서 마차꾼을 만났을 때 요령 없던 나를 생각하곤 했습니다. 마차꾼이 호구조사를 나올 것도 아닌데, 언니가 있다며 마차에 올라탔더라면 좋았을 텐데 후회하는 맘, 그러나 언니가 있는 J가 인상이 험한 아저씨가 혹시 언니에게 어떤 피해를 줄지도 몰라 마차를 타지 않았던 것을 생각하며 요령 부리기를 망설이기도 했습니다.

50여 년 전, 선택했던 일로 지금껏 끌려다니고 있는 당신의 모습이 안쓰럽게 생각되기도 합니다. 글 쓰는 일 말입니다. 직장 일(라디오 PD)에 쫓기면서 아무리 애를 써서 프로그램을 만들어도 전파를 타고 나면 기록이 없이 사라져 버리는 것을 안타깝게 생각하고 있었습니다. 초등학교 때 선생님께서 '남의 마음을 울려주는 종소리' 같은 사람이 되라고 하신 말씀을 늘 가슴에 담아두고 있던 터라, 산문(수필)을 써보려고 했던 것이 잘했던 선택이었는지 묻고 싶습니다.

1970년대에는 우리나라가 경제개발 정책으로 현대화되면서 우리 고유의 문물과 정신적인 유산까지 사라져가는 것이 안타까웠습니다. 그래서 나의 수필은 한국의 미의식과 전통을 담는 것이어야 한다고 생각하였습니다. 그 선택은 틀리지 않았으나 미래를 향한 존재의 의미를 품격 있고 정제된 언어로 승화시키지는 못했죠.

평소 동서고금의 명저들을 탐독하여 사유의 깊이를 쌓지도 못했음을 원고 쓰는 시간에는 절감했습니다. 독자의 가슴에 감동의 물길로 황폐해 가는 감정을 축여주고 싶고, 삶과 세계에 대하여 꿈꾸게 할 수 있는 글을 쓰고 싶다는 의욕을 밝혔으니 "분수에 맞지 않는 과한 욕심을 부렸었군요." 하고 나무라고 싶습니다.

과한 욕심이라면 또 있습니다. 재직 중 늦은 나이에 대학원 진학으로 진로를 바꿔보려는 야무진 꿈을 가졌던 일입니다. 감히 20년이나 젊은 후배들과 함께 공부하기에 너무 벅차서 바로 후회했습니다. 그러나 나이 들면서 굳어진 감각과 의식의 틀 안에서 별다른 체험 없이 감동 주지 못하는 글을 쓰면서도, 쓰는 것을 단념하지 못하며 살고 있죠. 그래서 한동안은 소재 확충이라는 의미로 음악에세이를 쓰면서 클래식 음악의 아름다움에 얹혀가려고도 했습니다. 재직 중에는 퇴직하면 여행이라도 자주 하여 견문을 넓혀 자극을 받고, 퇴고도 철저히 하며 조금은 발전하리라는 기대를 버리지 않았습니다. 그런 기대와 바람이 부질없다는 것을 퇴직 후에야 깨달았습니다. 적당한 구속안에서 책임과

의무감으로 생동하는 생활, 긴장감 있는 일을 지속해야 반사적으로 좋은 글을 쓰고 싶다는 절박함을 느끼게 된다는 걸. 시간이 많다는 것은 오히려 시간의 모자람보다 사람을 느슨하게 만들었습니다.

시간이 지나면서 변명처럼, 글을 잘 쓰는 사람보다는 좋은 글을 쓰는 사람이 되고 싶다는 마음으로 바꾸었습니다. 그리고 "나는 쓰지 않아서는 안 된다. 쓰는 일이 모든 것의 종결이다."라고 한 라이너 마리아 릴케의 말(《말테의 수기》)을 잊지 않습니다.

어렸을 때 다리를 건너며 내려다본 강물이 굽이굽이 흘러 어느 하구에 이르렀을지 모르는데 요령도 없이 당신은 언제까지나 문학에 대한 짝사랑만 하고 있느냐고 묻고 싶습니다.

[2023. 11.]

짧은 강, 긴 얘기

 30년 전 여름, 직장 후배가 중국의 고급 공무원인 양아버지가 좋은 피서지로 초대했다면서 동행하자고 했다. 그때 중국은 만리장성, 자금성 정도만 알려졌을 때로 남들이 가기 어려운 곳이어서 기대를 하며 함께 갔다.
 목적지는 중국 허베이성(河北省), 청더(承德) 비수산장(避暑山莊)이라고 했다. 나는 시원한 숲 골짜기 물에 발 담그고 쉴 만한 곳으로만 짐작했다. 베이징에서 중형차로 꽤 오랜 시간 타고 가서 커다란 글씨의 '避暑山莊(피서산장)'이라는 현판 앞에 섰을 때, 중국인들의 규모가 크다고 하지만 좀 놀라웠다. 게다가 화려한 가구가 놓여 있는 몇 채의 큰 건물들을 밖에서 들여다보고 지나치면서 중국어에 능통한 후배에게 물었더니, 그곳은 청나라 황제가 여름에 머물던 정원 형태의 궁전이라고 했다.
 그렇다면 혹시 박지원의 《열하일기(熱河日記)》에 나오는 그 여름 궁전인가 여기며 어떤 행사의 만국기가 펄럭이는 밑으로 서둘러 걸어가니 넓은 호수에 다다랐다. 호수 가장자리에 '熱河'라는 붉은 글자가 새겨진 바위(立石)가 보였다. 나는 놀라서 후배에게 "여기가《열하일기》의 그 열하냐?"는 물음에 그렇다고 했다.

나는, 휴가 동안 방송될 며칠 분의 프로그램을 미리 녹음하느라 여행지의 정보를 알아볼 틈이 없었고, 후배도 출발하는 공항에서야 만났다. 인터넷은 없던 때여서, 미리 집에 있던 한자 원문과 병렬로 되어 있는 연암(燕巖) 박지원(朴趾源)의《열하일기》상·중·하권(李家源 역)을 떠들어보고 왔더라면 그런 실수는 면했을 것이다. 열하일기의〈피서록(避暑錄)〉편에서 연암은 열하이원의 건축적 세련미에 크게 감탄했고, 청나라의 건륭제가 어떻게 천하를 통치하는지에 대한 깊은 탐색과 열하이원에서 열린 다양한 행사를 관람한 내용을 읽었는데 정작 현장에서 그 내용을 공감하며 관찰했더라면 얼마나 좋았을까.

학창 시절, 조선 역관 박지원이 청나라 건륭제의 칠순 잔치의 사절로 가면서 보고 들은 것을 기록한《열하일기》는 연행록 중 백미로 꼽힌다고 배웠다. 상식 정도만 알고 있었기에 그 진가를 더 알고 싶어서 책은 사놓은 지 20년이 넘었으면서도 바쁜 직장생활 핑계로 펼쳐보지 않았던 것이다.

1980년대에 학계에서도 조명하고 J, D일보 등에서도 해설을 연재하며 책도 한글로 쉽게 번역된 것이 여러 권이 나왔다. 수필계에서도 수필 문학으로서의 진가 등을 조명하는 세미나를 열어 참석도 했는데, 여행할 곳이 청더(承德)라는 지명만 기억하고 '피서산장'이란 어휘는 흘려들었는지, 막상 역사적인 현장에 가서도 무심히 지나쳤으니 한심한 생각이 들었다.

물론 《열하일기》가 열하에서 있었던 얘기만 기술한 책은 아니다. 알려지다시피 연암은 연경(燕京, 현재의 베이징)과 열하의 수많은 문인, 명사들과 교류하며, 당시 만난 다양한 사람들과 문화, 종교, 사회, 제도에 대한 깊은 성찰과 편견 없는 관찰을 통해 조선 사회의 사대주의와 보수적 태도 사이에서 중립적인 시각을 유지했다. 그 세심한 기록은 당시 청나라와 조선 사회, 국제 관계의 복잡함을 이해하는 데 중요한 역할을 하며, 역사적 문화적 통찰, 문화와 경계, 문학과 예술, 건축과 의학, 종교에 이르는 다양한 내용을 담고 있는 복합 장르의 성격을 가진 책이라는 평가를 받았다.

나는 그가 압록강을 건널 때 진리는 물과 강기슭의 경계에 있다는 진리론을 설파한 대목이 조금 난해했으나 많은 수필가가 흠모한 그의 폭넓은 식견과 활달하고 해학적인 필력을 흠모하고 있는 것에 동조했다. 그때도 다 독파하지는 못했으나 치밀한 묘사, 박진감 넘치는 모험 서사를 부러워하고 뛰어난 비유나 상징을 놀랍게 여겼다. 그런데도 90년대 초에 남보다 먼저 열하에 갔으면서도 정체를 모르고 둘러봤던 아쉬움만 깊게 느끼면서 아직도 《열하일기》를 통독하지 못한 게으름뱅이이다. 그러나 부분적인 것만 기억해도 기분 좋은 열하일기.

나는 연암이 말술을 마시고도 논쟁이 시작되면 몇 날 밤낮을 쉬지 않고 대화를 나눌 만큼 많은 이들과의 소통을 좋아했으며, 연경에서 열하까지 가는 4일을 한숨의 잠도 안 자고 이동하면서도 일행이 지치지 않도록 재미있는 대화로 힘든 일정을 소화했다는 그의 집념과 배려를 높이 사고 싶다.

기온이 높아지는 요즈음 몸이 비대했다는 연암은 어떻게 피서를 했을까 궁금하던 중, 최근 그의 다른 글 〈내가 살아가는 모습〉(『수필시대』 2024 봄호)을 읽다가 피식 웃음이 나왔다.

> 그때 나의 식구들은 광릉에 있었다. 내가 본래 몸집이 비대해서 몹시 더위를 타는 데다가 또 풀과 나무가 울창해서 여름밤의 모기와 파리 떼도 두통거리이거니와, 논에서 개구리 떼가 밤낮없이 울어대는 것도 지겨워서 여름만 되면 늘 서울 집으로 피서를 오곤 했다. 서울 집이 비록 낮고 좁아 터졌지만 모기나 개구리 때문에 고생하는 일은 없었다.

라는 구절이다. 최근에 나는 우리 아파트 입구에서 개구리 소리를 듣고 반가웠다. 인공 개울에 고인 물에 개구리가 자라고 있었던 가보다. 도회에서 오랜만에 듣는 소리가 반가운 건 나뿐만이 아니었다. 옆을 지나치던 이도 내게 고개를 돌려 웃어 보였다. 오래전 청계천이 복원되어 맑은 물에서 노는 오리를 보던 것만큼이나 반가웠는데 그 소리는 며칠도 못 가고 사라져서 아쉬웠다.

내가 30년 전 청더에서 바라본 강(江) '열하'는 중국에서 가장 짧은 강으로 길이가 90m에 불과해서 지도에도 표기하지 않는다고 한다. 그런데 지명(地名) 열하는 바로 열하천(热河泉)에서 따온 이름으로 베이징의 자금성 면적보다 8배나 넓은 청더(承德) '피서산장'이었다.

피서철에 긴 대하(大河) 같은 《열하일기》 중 세 번째 편인 〈일신수필

〈駟汎隨筆〉을 생각한다. 연암이 7월 15일(1737년)부터 아흐레 동안의 일을 기록한 것인데, 여기서 수필이란 용어를 처음 썼다.

그때의 피서 방법은 어떠했는지 궁금해지는 여름이다.

[2024. 7.]

종이책의 미래
– 등대지기의 미래

영상문화가 발전하고 휴대폰의 기능이 다양하게 개발되면서 문학의 위기라는 말을 들어온 지 오래다. 게다가 전자책의 출현으로 종이책이 없어질지도 모른다는 절박해진 상황을 예견하는 이들이 많아 당황하지 않을 수 없다.

어느 주말, 종로의 청계천 헌책방거리에 찾았다. 사실은 어설픈 젊은 날의 풋풋한 꿈과 희망이 찾아질까 해서였다. 예상대로 문 닫은 책방이 많아 짧고 좁은 거리였지만, 다행히 문을 연 헌책방들이 있어서 기웃거렸다. 책벌레는 아니었지만, 1960년대에 대학 신문기자였던 친구를 따라 몇 번 왔었다. 천정까지 빼곡히 쌓인 책들에서 귀한 책을 찾아보기도 하고 교과서를 좀 싸게 구입하기도 했다. 누구인지 보사부장관상 부상으로 받은 《새우리말사전》을 내놓아 싸게 샀던 기억이 있고, 개화기 김소월(金素月)의 스승 김억(金億) 선생의 한시 번역 시집 《야광주》(夜光珠, 초판본 1944)를 샀을 땐 얼마나 기뻤던지, 그 희귀본을 지금껏 갖고 있다. 근년에 이사 온 집이 좁아서 웬만한 책은 버리는지라 어떤 책을 사려고 찾아보지도 않은 자신을 반성하며 돌아왔다.

급변하는 시대에 살면서 새로운 정보수집에 벅차고 책을 사러 나갈 시간도 아끼느라 현대인들의 인터넷주문이 보편화되었기에, 이런 여유를 부리는 것은 나이 들어 경쟁사회에서 밀려난 처지이기 때문에 누려볼 수 있는 여유였다.
　내가 아는 K작가는 이미 10여 년 전부터 책방에 나오지 않고 전자책으로 내리받아 새로운 책들을 많이 읽어왔다. 속독 능력도 있는 실력자여서 독해력이 느린 나로서는 부러워도 흉내도 못 내었다. 그런데 1970년대부터 2020년이 넘도록 수필집들과 음악에세이 책들을 내면서, 20년 전 책 한 권(음악에세이 《차 한 잔의 음악읽기》)를 만들었고 작년에 문우 L시인의 도움으로 1권의 수필집 (《손의 온도는》)을 만들었다.
　미래는 불확실하지만 급속도로 변하는 추세에 조금이라도 따라가도록 노력해야 할 것을 절감하게 된다. 새로운 정보와 기계를 다루는 기술이 둔하다 보니 호랑이 담배 먹던 때에 있었던 좋았던 시절의 추억에 잠기는 시간이 많아진 걸 어쩔 수 없다. 대학 시절, 단편소설 한 편에 큰 감명을 받았으니 헨리크 시엔키에비치의 단편소설 〈등대지기〉였다. 성실한 등대지기 스카빈스키는 절해고도에서 자신의 모국어인 폴란드어로 된 시집을 선물 받았다. 시를 읽으며 고국에 대한 향수에 젖어 있다가 등대의 불을 켜는 것을 잊어버려 파면을 당한다. 그러나 스카빈스키는 직장을 잃어버렸지만 슬퍼하지 않고 더 큰 것을 얻었다고 생각하는 것을 보며 그야말로 모국어와 문학의 위대함을 절감했었다.

　노인은 며칠 사이에 더 늙고 수척해졌다. 그러나 그의 눈만큼은 여전히 반짝이고 있었다. 새로 시작하는 방랑의 길에서도 노인은 모국어로 된 시집을 꼭 껴안고 있었다. 마치 큰 보물덩어리라도 되는 듯, 그는 때때로 손으로 만져 보며 그것의 존재를 확인했다. 행여 잃어버릴까 봐 두려운 듯이, 다시는 그것을 잃어버리지 않겠다는 듯이.

외롭던 등대지기를 깨운 것은 그의 모국어였다. 파도 속에 잠들어 있던 스카빈스키의 심장은 파도 속에 잠들어 있다가 폴란드어로 된 시집을 받고 깨어났던 것이다. 그의 의식을 깬 책 안에 가지런히 인쇄된 작은 글씨가 그의 심장을 뛰게 했다. 소중한 종이책.
외로운 섬의 등대지기는 아니더라도 젊은 날 방황하거나 헤매다가 친구가 건네준 책을 끼고 다니면서 자신의 길을 찾고 외로움에서 벗어난 일이 있을 것이다.
우리나라에도 전자책이 2000년에 등장했지만 2010년부터 보급되어 일부 독자들의 호응 속에서 이용자들이 늘고 있다. 아날로그와 디지털의 상생이 이어지고 있는 것처럼 종이책과 전자책도 상생이 이뤄져서 종이책이 곧 사라질지도 모른다는 우려를 하지 않게 되기를 바란다. 나 같은 아날로그 족은 책을 손에 쥐는 묵직한 느낌과 한 장 한 장 넘기면서 남은 쪽이 줄어들면 성취감도 느끼게 되고 종이책 특유의 냄새와 촉감을 느낄 수 있는 것 등 오감을 활용한 독서가 가능하다는 것에 희망을 갖고 싶은 마음이다. 내가 읽어냈다는 실적을 구체적으로 느낄 수 있는 종이책 편임을 부인할 수 없다. 작은 서재나마 책을 나란히 꽂아놓고 싶은 어렸을 때의 욕심도 상기하게 된다. 종이책이 가진 매력은 얼마든지 더 있다.

그러나 시간과 장소에 구애받지 않고 편리하게 쓸 수 있는 종이책이 아닌 스마트 폰의 편의성에 점점 길들여지는 것을 느낀다. 작은 모임의 축사나 격려사도 종이에 써 가지고 가서 읽던 것은 옛말이 되었다. 스마트 폰에 가볍게 스캔해 가서 참고한 일도 있었다. 시험을 앞둔 학생들이나 연구를 하는 학자들이 이론이나 데이터를 기억하려고 할 때 종이책에서 읽은 것이 더 효율적으로 기억된다는 이론도 있어서 종이책의 명이 더 연장되리라고 희망을 가져도 될까. 개인차가 있겠지만 기억력에서 종이책이 더 효율적이고 선호도가 높은 편이라는 연구 결과도 있다. 종이책이 두뇌활동을 끌어내어 창의력 계발에도 도움이 된다던가.

모국어와 문학의 위대함을 절감하게 하던 〈등대지기〉의 스카빈스키도 현대를 살고 있다면 어차피 해고당하기 전에 채용도 안 되었을 것이다. 등대도 무인으로 조작되는 것으로 변한 지 오래고.

문학에의 관심도 높이고, 불확실한 종이책의 미래도 변화와 새로운 시도를 두려워하지 말고 적극적으로 받아들이는 자세가 필요할 것이다.

풍경이 아름다운 어느 숲속 도서관에서 종이 향 나는 책을 읽는 것은 오래전에 꾸던 추억 속의 꿈일까.

[2023. 4.]

저는 거기 없어요

　20년 전, 낯선 이름의 외국 발신인에게서 받은 커다란 사진을 버리지 못하고 있다. 유명 카메라로 찍은 단체 사진이다. 사진을 받고 기뻤던 것은 잠시, 한 줄에 열서너 명 정도 되는 회원들이 다섯 줄로 촘촘히 앉아 있기에 얼굴을 일일이 확인해 봐도 내 얼굴은 없다. 앞줄 앉은키가 높은 이에게 가려져 있는 이가 서너 사람 있다. 그중의 하나일까. 연사로 초청받아 갔던 행사이니 앞줄에 앉게 했더라면 좋았을 텐데 하며 잘 받았다는 답장도 않고 '나는 거기 없어요.' 하고 처박아둔 지 오래다.

　오늘 그 사진을 보며 지내온 인생살이 중에서 내가 꼭 있었어야 할 자리, 아니 참석해야 할 자리였는데 없었기에 다행이었던 일, 그와 반대로 내가 없었기에 실망을 주고 불행했던 일까지 생각해 보게 된다.

　50여 년 전 일이다. MBC 주최 연말 행사 '10대 가수 청백전'이 진행 중이던 세종문화회관 무대에서 화재가 발생하여 못 빠져나온 관객들이 목숨을 잃는 불상사가 있었다. 사고 이후 직장으로 사원들의 안부를 확인하는 전화들이 폭주했는데 나도 10년 동안 연락 한번 없던 이의 전화도 받았다. 그는 '저는 거기 없었어요.' 하는 나의 대답에 안도하는 눈치였다.

내가 거기 없었기에 불행을 피했던 일이 그보다 10여 년 전에도 있었다. 커다란 역사 속의 개인적인 일이다. 4·19혁명 때 퇴계로에 있던 초급대 조교 일 년 차로 그날 나는 전셋집 이사로 조퇴했었다. 여느 때 같으면 퇴근길에 을지로와 중앙청 쪽으로 지나야 했기에 시위대에 동참하지 않았어도 무차별 총격을 피할 수 없었으리라. 부모님은 희생당한 학생들을 애석하게 여기면서도 내 딸이 참변을 피할 수 있었던 것을 오래도록 요행으로 생각하셨다.

사실 6·25전쟁 때 아버지가 참변을 면할 수 있었던 것을 우리 가족들은 크게 다행으로 여기고 있었다. 가족만 30리 떨어진 친척 과수원 댁으로 피난시킨 아버지는 고향 사람들에게 인심을 잃지 않았으니 별일 없으리라 여기고, 고향에 남아 생업을 유지하였다. 그러나 고향 쪽에 폭격 소리가 날 때마다 온 가족이 가슴을 졸여야 했다. 석 달 후 피난 갔던 집에 인민군 패잔병이 들르고 얼마 뒤 아버지께서 9·28 수복을 앞두고 전세(戰勢)가 달라질 때쯤 고향 집을 걸어 잠그고 우리가 있는 피난 집에 와서 며칠을 지내셨다. 후일 고향 이웃에게서 그날 밤 복면을 한 공산당 앞잡이들이 아버지를 데려가려고 집 문을 부수고 매복하며 기다렸다는 끔찍한 얘기를 듣고 '거기 없었기'에 너무 다행한 일이었다고 생각하던 터였다.

살아오면서 어느 장소에 있고 없고를 따지는 것은 우연, 행운과 연관은 있어도 사람의 존재가치와는 무관하다고 생각해 온 지 오래다. 자신의 존재가 어떤 영향을 끼치고 가치가 있는 사람인가가 중요할 것이다.

성경 창세기에 나오는 요셉은 하나님께 진심으로 매달려 믿음의 조상이 된 야곱의 11번째 아들로 아버지의 사랑을 독차지하고 꿈을 잘 꾸어 미워하던 형들이 이스마엘 사람에게 팔아버려 이집트로 끌려갔다. 아버지 야곱은 그가 죽은 줄 알고 애통해한다. 요셉은 여러 고비를 넘기면서 죽음 직전까지 이르렀으나 오직 하나님만 믿고 어려움을 견뎌내어 이집트 총리가 되어 헤어졌던 가족을 구해내는 성공적인 사례로 기쁨을 준다.

그런 존재까지는 아니더라도 내가 참석하여 축사도 해야 할 자리인데 갑작스럽게 병이 나서 못 갔을 때 "꼭 오실 줄 알고 나갔다가 안 오셔서 섭섭했어요."라고 전화라도 통할 수 있는 모임이라면 덜 아쉬울 것이다. 그러나 시한부 삶을 살던 친구가 여생이 얼마 안 남았음을 예감하고 무리해서 모임에 참석했다고 한다. 그런데 꼭 보고 싶은 이가 안 나왔다고 섭섭해하며 돌아간 뒤 사흘 만에 숨을 거뒀다는 얘기에 애통한 적도 있었다. 그런 섭섭함도 감수해야 하는 나이 든 처지.

내 무덤에서 울지 말아요./ 나는 그곳에 없어요./ 나는 거기 잠들어 있지 않아요./ 제발 날 위해 울지 말아요./ 나는 천 개의 바람./ 천 개의 바람이 되었죠.

독일의 어머니를 여읜 딸이 슬픔을 위로하기 위해 쓴 시(작자 미상)에 멜로디를 입힌 노래 〈천 개의 바람이 되어〉라는 추모곡의 가사 첫머리가 예사롭게 들리지 않을 사람이 많을 것이다. 일본에서 크게 유행한 뒤 우리나라에서도 14년 전부터 팝페라 가수가 부르더니 최근에는 많은 가수가 애창하고 있다.

요즈음 젊은 세대들은 '낄 때 끼고 빠질 때 빠지라'라는 말을 줄여서 모임이나 대화 따위에 눈치껏 끼어들거나 빠지라고 '낄끼빠빠'라는 말로 나이 든 눈치 없는 사람들을 주눅 들게 한다.

나이가 많고 적음을 막론하고 중요한 것은 존재감이리라. 나는 외출이 부자유한 처지여서 '낄끼빠빠'라는 주의 사항을 안 들어도 되겠지만, 지금껏 살아오면서 있어도 그만 없어도 그만인 존재로 살아오지 않았는지 회한에 잠기게 된다.

[2025. 2.]

유언비어와 진실

1980년대 후반, 출근할 때면 국회의사당 앞을 지나가야 했다. 1975년에 준공된 동양 최대의 규모로 돔 모양의 지붕과 그 돔을 받치고 있는 기둥의 멋진 국회의사당 건물을 매일 본다는 것이 애들처럼 자랑스러웠다.

그런데 그때 국회의사당에 대한 두 가지 유언비어가 있었다. 하나는 의사당 건물의 생김새가 재래 장례 기구인 상여(喪輿) 같다고 했다. 행장 수반이 의사당에서 자신의 정책에 이러쿵저러쿵하는 것이 못마땅해서 상여처럼 설계하게 했다는 것이었다. 또 하나는 의사당 앞에 세운 두 개의 해치상 밑에 많은 포도주가 묻혀 있다고 했다. 화기(火氣)를 억누른다는 속설 따라 현대식 건물에 해치상을 세우고 그 밑에 포도주까지 묻었다니 이상하기만 했다.

국회의사당 기둥이 24개인 것은 국회의원들이 1년 24절기 내내 전국 8도의 국민을 생각하라는 뜻을 담은 것이고, 원형 돔 지붕은 각기 다른 의견들이 대화와 토론을 통해 원과 같이 하나의 결론으로 통합된다는 의회정치의 본질을 상징한다는 해설에 수긍이 갔고, 상여설은 최근으로 치면 가짜뉴스였다. 해치상은 고종 자문위원이었던 박종화(朴鍾和) 선생이 경복궁이 화재로 불탄 뒤 복원 공사 때 해치상을 세워 예방한 것처럼 의사당도 화재 예방을 위해 해치상을 세워야 한다는 제의를 했다. 당시 해태 사장(박병규)이 자기네 회사의 상징 해태상(해치상의 또 다른 이름)을 국회의사당에 세우는 것에 동의해서 경비를 부담하고, 서울대 미대의 이순석(李順石) 교수의 조각으로 두 개의 해태상을 세웠다. 그때 기단 아래 10m를 파고 해태 제품인 붉은 노블 와인과 백포도주를 각 36병씩 묻어 1백 년 후에 개봉, 축하주로 쓰기로 했다는 건 진실이었다.

그때는 유언비어가 오래 가지 않았고, 진실이 밝혀지면 '그럼 그렇지' 하고 믿었다. 그런데 최근 국회의원 중엔 가짜뉴스를 확인하지도 않고 보도하여 그것이 근거 없는 가짜라는 사실이 드러나도, 처벌을 피했고 사과는커녕 더 알리려고 고집하는 이도 있다. 그 한 의원뿐만 아니라 국민이 뽑은 명예를 지닌 이들인데 최근엔 '돈봉투 전달' 사실이 드러났어도 '나는 모르는 일'이라고 일단 시침을 떼기도 했다.

국회의원이 되면 186가지 특혜를 누릴 수 있고 비리 범죄를 저질러도 면책 특권을 받는다는 것은 모두가 아는 사실.

그런데 조선 시대의 해치상은 관리들을 감찰하고 법을 집행하는 사헌부의 상징이었다는 사실은 모르는 이도 있으리라. 해치상이 감시한다는 의미는 오늘날에도 여전히 계속되고 있다. 국회의사당에 설치된 해치상이 관악산의 화기를 누른다는 속설의 효험만을 의도한 것이 아니었다. 모든 국민은 국회의원들이 법을 제정하고 실행하는 기관으로서 정의의 편에 서서 법을 공정하게 처리하는 역할을 기대하기 때문에 세운 것이었다. 나랏일을 하는 이들은 국민 앞에 바르고 정의로운 사람이 되라는 깊은 뜻이 있는 것이다.

해치상을 국회의사당 문지기 정도로 취급하고 무심히 지나가는 국회의원이 없기를 바란다. 가짜뉴스를 퍼트리는 이의 거짓말을 잠재우고 법에 저촉된 일을 하고도 시침 떼는 문제 의원들을 깨우치려면 해치 말고 또 어떤 것을 세워야 할지.

[2023.]

역전을 위하여

연말이 가까워지면, 연초에 계획했던 일을 이루지 못한 아쉬움과 잘못했던 것에 대한 후회, 회복할 수 없는 상실의 아픔으로 마음이 추워진다. 어디 마음뿐인가. 밖에 나가면 뚝 떨어진 영하의 기온과 찬바람이 뼛속을 파고드는 추위로 움츠려지게 마련이다. 오늘도 외출했다가 발걸음을 재촉하여 집으로 돌아오다가 편의점에서 흘러나오는 반가운 가요를 듣게 되었다.

…맘의 온도는 하강 중/ 서서히 얼어붙던 중/ 넌 달려와 뜨겁게 날 끌어안았다/ 걱정하는 눈빛으로/ 바라봐 주는 너/ 고생했어 오늘도/ 한마디에/ 걷잡을 수 없이/ 스르륵 녹아내려요/ 죽어가던 마음을/ 기적처럼 살려낸 그 순간/ 따뜻한 눈물이/ 주르르 흘러내려요/ 너의 그 미소가 /다시 버텨낼 수 있게 해줘요. …

지난 9월부터 히트한 DAY 6(데이식스, 남성 아이돌 밴드)의 〈녹아내려요〉이다. 가사도 좋지만 펑크 사운드와 드럼의 리듬이 흥을 돋운다.

〈녹아내려요〉는 경쾌한 멜로디 속에 얼어붙은 마음이 따뜻한 한마디로 인해 서서히 녹아내리는 순간을 노래했는데, 세상의 절망 속에서도 희망을 찾을 수 있는 메시지를 전하고 있다. 청춘과 아련한 행복, 서로를 향한 위로와 희망을 놓지 말자는 다짐까지 녹아 있어서 청춘이 아닌 나도 이 겨울에 좋아하지 않을 수 없다.

젊은 시절엔 애상적인 노래에 끌렸는데 지금은 밝고 경쾌하고 힘 있는 노래가 좋아졌다. 밝고 경쾌해도 가사가 모호한 아이돌 노래에는 관심이 없었는데 세계적인 BTS(방탄소년단)의 가사 좋은 몇몇 노래에 호감이 간다.

겨우 익숙해진 BTS가 군입대로 활동을 중단하여 섭섭하던 차에, 2022년 《국군의 날 특집 불후의 명곡》(KBS2)에 군 복무 중이던 데이식스 멤버 세 사람이 각자 소속된 군복을 입고 나와 부르는 〈한 페이지가 될 수 있게〉를 들었다. 그 노래에 귀 기울였어도 가사를 다 파악하지는 못했지만, 청춘을 응원하는 내용이었다. 기존 팬들은 입대하여 못 보던 이들을 보니 반가웠을 것이고 나도 몇 년 전(2015년)에 데뷔한 데이식스의 존재를 알게 됐다.

올해는 지난여름의 폭염과 늦게까지 지속된 고온 현상으로 농산물도 소출이 줄었지만, 단풍도 대부분이 예년처럼 곱게 물들지 않아 아쉬웠다. 그리고 올해 겨울 또한 혹한이라는 예보여서 미리 겁도 먹고 있었지만, 한편 겨울의 추위가 심할수록 오는 봄의 나뭇잎은 한층 푸르다는 말에 희망을 품는다. '사람도 역경에 단련되지 않고서는 큰 인물이 될 수 없다.'는 옛말을 기억한다. 그 말대로 노력처럼 뜻대로 되지 않는 세상, 현실이 고달파서 실의에 빠졌다면 견뎌내야 할 역경이 온 줄 알고 감수하여 역전시키라는 노래처럼 들리기도 한다.

"세상의 절망에 얼어버릴 것 같을 때, 너로 인해 모든 것이 녹아내린다."로 메시지를 담았으니 개인뿐만 아니라 사회의 여러 분야에서 분열되어 화합, 융화가 아쉬운 때 모두가 갈망하던 노래가 나온 듯하여 반갑기도 했던 〈녹아내려요〉.

세월의 허무함을 잊고 시간의 흐름을 느끼지 않으려다가도 한 해의 마지막 달이 되면 '올해도 다 갔네' 하고 허전해지는 것이 젊은이, 노인 모두의 감회이리라. 나이 든 이들은 세상이 변화가 많아 당황하게 된다. 정의나 선(善)에 대한 가치, 미덕이 사라지고 이기적으로 냉정해진 세태를 안타까워하고, 옛날보다 편리해진 기계를 반가워했지만, 급격히 발달하는 디지털 세태에 발맞추기는 또 얼마나 어려운가. 그 변화에 어울리는 삶을 누리고 싶지만, 포기하기도 한다. 가족 간에도 너무나 달라진 세대 차이, 가족관계, 사회적 관계도 소통이 안 되어 고립되는 노인이 많지 않은가. 이런 세태에서 노력하는 이들에게 응원과 힘을 북돋아 줄 만한 무엇이 있을까.

아이돌 데이식스의 여러 노래에 대해 일부 전문가들이, 젊은이들이 취업난과 결혼의 어려움, 현실 문제가 고단해지자 어린 시절의 옛 추억으로 눈을 돌린다는 분석도 할 만큼 젊은이들을 대상으로 만든 노래이다. 그러나 나이 든 이들도 그들 노래에서 '힘 있고 경쾌한 사운드가 응원과 힘을 키워줄 것'처럼 느낄 수 있다.

절망에 빠진 젊은이나 모든 것을 체념한 듯하나 가능성을 찾아보려는 기성세대, '역전을 위하여' 다시 무언가 시도해 보려는 이들에게 힘찬 가요가 아닌 사기를 북돋아 줄 어떤 도움이 새해에는 꼭 이루어지기를 바라는 마음이다.

[2024. 11.]

자화상 그리기

　서양에서는 길복(吉卜)을 가져다준다는 마스코트를 지니고 다니는 사람이 많고 우리네는 불운을 막아준다는 부적을 몸에 지니기도 한다. 평소에는 무시하더라도 중요한 일을 앞둔 이들이 무사하기를 바라며 부적을 집안의 벽이나 옷에 붙인다. 얼마 전까지도 시내버스에 '오늘도 무사히'라는 글이 있는 〈소녀의 기도〉 사진을 붙여놓은 것을 볼 수 있었다.
　예술가 중에 창작의 의지를 다지고, 피로와 상처를 달래며 능률적인 작업 진도를 위하여 선인들이나 라이벌 작가의 초상화 혹은 자화상을 집필실, 창작실에 걸어두고 작업에 박차를 가했다는 이들이 생각난다. 베토벤은 선배 음악가인 하이든, 모차르트, 글룩의 초상화를 걸어두고 그들의 명곡 같은 좋은 작품을 쓰려고 채찍질했다. 노르웨이의 극작가 헨리크 입센은 자신의 라이벌인 스웨덴의 작가 스트린드베리의 초상화를 집필실 벽에 걸어두고 그보다 나은 작품을 쓰려는 의지를 굳혔다. 그래도 이들은 생존 시에 작품의 진가를 인정받은 경우여서 다행이다.
　37년 생애 동안 많은 작품을 그렸으나 인정받지 못하고, 사후에야

서양미술사상 가장 위대한 화가 중 한 사람으로 평가받는 빈센트 반 고흐(Vincent von Gogh, 1853~1890)는 생전에 자화상을 30점 이상이나 그렸다. 모델료를 낼 능력이 없어서 자신을 그린 것도 있지만 말년에는 자신의 부끄러운 모습을 그린 것도 있다. 심한 우울증과 망상에 시달리다가 함께 지내던 고갱과 싸우고 1888년 자기 귀를 잘라낸 다음에 자발적으로 정신병원에 들어갔다. 정신병의 징후가 심해져서 한쪽 귀를 자르고 붕대를 감은 〈귀에 붕대를 감은 자화상〉의 모습은 충격적이기도 하다. 정신병원에서 2주일 만에 퇴원하여 그렸는데 고흐 자신은 수많은 자화상 중에서도 이 그림을 자신의 가까이에 두고 위안을 삼으려 했다고 한다. 이 그림으로도 재기하지 못하고 다음 해 자살하려고 권총을 자기 가슴에 쏘았다는 사실이 안타깝기도 하지만, 그가 절망 속에서 헤쳐나와서 재기하려는 결심한 사실이 중요하다. 현실은 고통과 패배로 괴로웠으나 예술에 대해 확신을 하게 한 자화상.

최근에 밝혀진 고흐의 자살 원인은 '정상과 이상의 경계 영역에서 여러 가지 문제를 일으키는 경계성 인격 장애와 조울증이라는 두 가지 정신질환으로 추정하지만, 어떻든 그는 금주(禁酒) 때 발생하는 섬망(譫妄) 때문에 숨졌다'라는 연구 결과가 『국제 조울증 저널』지에 발표되었다고 한다.

나도 초록색 외투를 입은 이 자화상을 들여다보다가 자화상 뒤 벽면에 그려진 여성들의 모습이 들어 있는 사진이 궁금하여 알아보았다. 반 고흐는 일본에서 유행한 풍속화와 목판화인 우키요에를 좋아하여 그 우키요에들을 수집했다. 그 중 도요쿠니의 작품인 〈풍경 속의 게이

샤〉 속의 게이샤의 이미지에서 위안을 받고 자신이 정신병에서 정상으로 돌아오는 데 도움이 되었다고 생각했기 때문에 이 자화상 배경에 그 그림을 그려 넣었다고 한다.

　자신의 작품이 올바른 평가를 받지 못하여 한 점도 팔리지도 않을 때 그는 자신감을 잃고 좌절했을 것이다. 그러나 절망 속에서 버거운 현실을 이겨낼 힘은 오직 그림을 그리는 일이었다. 그림 그리는 것만이 삶의 에너지원이었다. 그래서 사후에 그는 불굴의 예술가로 추앙받고 그의 그림들은 현재도 최고가로 팔리고 있다.

　고흐가 〈귀에 붕대를 감은 자화상〉을 곁에 두고 보면서, 새롭게 좋은 작품 활동을 하겠다는 신념을 갖게 된 것처럼 나도 직장생활에서 힘들 때나 글이 잘 안 써질 때 사기를 높여주거나 힘을 받은 경구나 그림이 있었던가, 생각해 보게 된다. 화가처럼 자화상이나 초상화를 그려 놓고 보는 대신, 경구를 붙여놓기도 하고 힘찬 음악에서 격려를 받기도 했다. 예로부터 성공은 환경에 의존하는 것이 아니라 자신의 노력에 따른다는 것을 알고는 있다. 고흐처럼 자화상을 보며 다짐은 못 할지라도 자신에게 위로와 용기를 주거나 자기 뜻을 이루는데 박차를 가할, 이를테면 '자화상 그리기'가 필요하다.

[2025. 2.]

수필 속의 나

이탈리아 여행 때 바티칸 궁전의 '라파엘로 방'에 걸려 있는 〈아테네 학당〉 그림 앞에 섰다. 화집에서 작은 인쇄화로만 본 것을 실제로 거대한 그림 앞에 서니 가슴이 두근거렸다. 그 그림이 철학과 학문, 예술의 가치를 강조하고 있다는 말을 들었는데 얼핏 보아도 그리스의 위대한 철학자들이 모여 있고, 중앙 부분에서 플라톤과 아리스토텔레스가 대화하며 걸어오는 모습이 입체적이고 생동감이 있어서 옆으로 비켜서야 할 것 같았다.

나는 바티칸박물관의 많은 관람객에 떠밀려 일행을 잃고 혼자 낙오되었으나 그 방에는 일행들이 꼭 들를 거로 예상하고 서둘러서 도착하여 기다리는 중이었다. 기다려도 일행과 못 만난다면 하는 불안감에 그림이 제대로 보이지 않아 한쪽으로 비켜서 입구 쪽만 바라보며 신경 쓰고 있었다. 조금 후에 다른 팀 한국 관광객들이 들어왔다. "이 작품은 라파엘로(Raffaello Sanzio da Urbino, 1483~1520)가 르네상스 시대의 철학적, 예술적 성취를 기념하기 위해 제작한 것으로, 라파엘로의 예술적 능력과 인문주의적 사고를 잘 담아낸 걸작입니다."라는 한국 가이드의 설명을 들을 수 있었다. '인문주의적 사고'라니 그 무렵 우리나라에선 교육의 기초학문인 인문계열 학과인 문사철(문학·역사·철학을 줄여 부르는 말) 학과가 취업이 어렵다는 이유로 폐지되거나 정원을 줄이는 대학이 늘고 있었다.

일행을 못 만난 채 라파엘로의 방에서 나와 베드로 성당 밖 계단에 앉아서도 인문학과가 사라져가는 안타까움을 생각했다. 모교에도 국문학과가 어문학부 소속이 되고 정원이 축소되어 섭섭했다. 지방대학의 국문학과 교수인 후배도 지망생이 해마다 줄고 연예 계통의 학과가 인기다 보니 경비까지도 괄시하는 것 같고 국문학과가 곧 없어질 것 같다고 걱정했다. 나는 반세기도 넘은 우리 또래의 국문학과 시절을 회고했다. 여고 시절, 백일장에서 최우수상도 아닌 우수상을 받아 국어 선생님에게서 국문학과 진학을 권유받은 것만으로도 우쭐했었다. 막상 국문학과에 다니다 보니 국어국문과를 줄인 국문과를 '궁할 궁(窮)'자, '대문 문(門)'자인 '궁문과'로 자조하는 이도 있었고, 교육과목을 이수하면 사범대학의 국어교육과 출신처럼 중등학교 교사자격증이 나와 긍정적으로 공부하는 이들이 더 많았다. 특히 중·고교 시절부터 문재를 인정받아 특기로 입학해서 문명을 날리려는 이들의 긍지는 대단했고, 재학 중 신춘문예 당선이나 문학지에 등단한 교우를 부러워하면서도, 소중한 우리말을 아끼고 가꾸는 학문과 고전과 현대의 우리 작품을 공부한다는 어문학 중심파의 기개도 높았었다.

얼마 전, 인문학이 인간과 사회에 대한 이해를 돕고 다른 학문의 기초가 되는 만큼 더 늦기 전에 자리를 지켜줘야 한다는 외침이 일부

대학에서 있었다. 그 무렵 뉴스에서 본 장면이 잊히지 않는다. 카이스트의 정재민 인문사화융합과학대학장이 "인문과 예술, 철학 그리고 윤리에 대한 이해를 바탕으로 보다 넓은 세계관을 갖는 것, 그것이 바로 진정한 리더가 되는 길이라고 생각합니다."라며 카이스트 대학에서는 공대와 인문, 사회대 학문을 융합한 '융합 전공'을 신설했다고 해서 반가웠다.

이런 움직임도 있지만 인문학과는 점점 줄어져서 안타깝다. 작년 노벨문학상 수상자인 한강이 국문과(Y대) 출신이어서 국문과를 부활해야 한다는 주장은 할 수 없으리라. 세계적 문호 괴테가 법학과 출신이고 톨스토이는 기술대학 출신이고 우리나라에도 문과 출신 아닌 우수한 문인이 많은 실정이다.

얼마 전부터 구미(歐美)의 몇 대학에 한국어(문)과가 설치되어 K문화를 선호하는 이들의 입학생이 늘고 있다고 한다. 우리 학생들이 한국어 문학을 전공하러 유학 가는 일이야 없겠지만, 외국 젊은이들은 우리나라 국문과로 오고 싶어 하지 않을까. 우리네 국문과도 건재하여 높은 수준으로 향상되어야 할 것이다.

그림 〈아테네학당〉을 대충 보았기에 귀국 후 자세히 알아보니 예사로 지나칠 그림이 아니었다. 그 그림은 철학과 과학뿐만 아니라 문학·종교·정치 그리고 음악 같은 예술이 고스란히 녹아 있고 각각의 학문들은 조화를 이루며 자연, 우주와 끊임없이 소통하고 있음을 그림으로 나타낸 것이라고 한다. 통합과 통섭을 넘어 대립과 경쟁을 부정하고 모든 것이 녹아들어 서로 어울리는 거대한 원융사상(圓融思想)의 세계가 펼쳐있다는 것이 아닌가. 그리고 화가 라파엘로가 그 그림 속에 자신을 그려 넣었다는 것도 알게 되었다. 라파엘로가 〈아테네학당〉에 시대정신을 주장한 철학자들과 예술가들을 그리면서 자신의 얼굴을 그려 넣은 것은 자신도 학자들과 예술가들의 정신과 융합되기를 바란 것이라고 한다.

성공작을 이뤄내겠다는 집념, 온 힘과 열정으로 작품을 만들면서 라파엘로는 〈아테네학당〉의 완성 단계에서 자기 작품을 성공작으로 확신하고 자기 얼굴을 그림의 한쪽에 그리지 않았을까. 철학자, 예술가들이 대화하거나 자신의 주장을 열렬하게 표현하고 있는데 라파엘로만이 정면으로 향해 자신의 그림을 보는 사람들을 보는 시선이다. 자신이 최선을 다해 많은 의미를 담은 작품을 제대로 감상하고 있는지 궁금한 모양으로 짐작된다.

문학 중에서도 수필 장르는 '나'가 들어가는 문학으로 '나'가 주인공이다. 좋은 작품을 쓰겠다는 집념으로 사유나 체험을 어떻게 형상화하여 성공시킬 수 있을지, 라파엘로의 시선처럼 독자의 반응을 자신 있게 지켜볼 수 있는 작품 쓸 숙제를 계속 지니고 있어야 하리라.

[2025. 3.]

아직도 유일한

새해를 맞아 한 달을 보내고 2월을 맞았다. 꼭 70년 전인 1953년, 영국의 총리였던 윈스턴 처칠이 노벨문학상을 받았다. 나는 몇 년 뒤 여고 때 국어 선생님에게서 그 사실을 듣고 의아했다. 처칠은 전쟁의 위기에서 영국을 구한 정치인으로만 알고 있었기 때문이었다. 그해 유력한 문학상 후보로는 헤밍웨이와 그레이엄 그린 외에도 소설가와 시인인 로버트 프로스트 등이었는데 처칠의 회고록 《2차 세계대전》이 선정되었다는 사실은 또 몇 년 후에 알게 되었다. 절체절명의 위기 속에서도 굴하지 않고, 뚝심을 발휘하여 버텨낸 처칠의 지도력, 연합군이 사분오열하지 않고 일치단결하여 독일과 일본 등을 물리친 원동력이 되었던 사실, 이 수상작은 1946년부터 시작하여 1953년에 완간된 회고록(전 6권)으로 온 인류가 겪은 최대 비극과 그 비극을 이겨내는 불굴의 과정을 세세하게 기록하고 있다는 것이었다.

그때 평화상이 아니고 왜 문학상이냐고 의문을 제기한 문인들이 많았다고 하는데, 처칠 경은 문학가가 아니라 전기와 역사서의 저자로 수상했다. 《2차 세계대전》이 '역사에 대한 상세한 기술과 문학적 완성도를 갖추었고 전기로서도 가치가 있다'라는 게 선정 이유였다.

　노벨문학상 수상자 중에 우리 기억에 오래 남는 것은 소설과 시가 아닌 회고록으로 문학상을 받은 유일한 경우였기 때문이다. (작년 수상자 아니 에르노의 소설 《단순한 열정》이 사실을 기반으로 한 에세이에 가깝다는 이론도 있다.) 사실 처칠은 글 잘 쓰는 저술가로 명성을 떨치고 있었다. 젊어서 고전을 많이 읽어서 문학적 소양을 쌓았기에 문장력이 뛰어났다. 영국 왕실육군사립학교 졸업 후 장교로 임관했던 처칠은 전쟁을 좋아하여 쿠바 독립전쟁에서 스페인군에 종군했으며 인도 파탄족 반란 진압 작전에도 개인적으로 참전했다. 제2차 보어전쟁 때는 종군기자로 활약, 기사를 쓰고 참전 경험을 책으로 내서 베스트셀러가 되었다고 한다.

　처칠은 노벨문학상에도 관심이 많아서 몇 년간 문을 두드렸다. 1946년부터 8년간 스웨덴 작가들의 추천을 받아 계속 노벨문학상 후보로 거론되었는데 오히려 그가 정치인이라는 이유로 수상자 선정에서 불이익을 받았다고 한다. 처칠의 노벨문학상 수상이 수필 쓰는 우리에게 고양되는 일이기도 하지만 스웨덴 한림원의 선정 이유처럼 '역사적이고 전기적인 글에서 보인 탁월한 묘사와, 고양된 인간의 가치를 옹호하는 빼어난 웅변술 덕분'이라는 그런 글을 어느 나라의 누가 실제 경험도 없이 글재주만으로 쓸 수 있을까.

　우리나라에서 아직 노벨문학상 수상자가 없는 것도 아쉽지만, 세계적으로 에세이 부문의 수상자를 못 내고 있는 현실도 안타깝다.

[2023. 2.]

돌과의 동행

해외여행이 자유화되기 전 제주도 여행, 이보다 더 좋은 선택이 없다고 자신(自信)했지만 소형 비행기 안에서 멀미는 괴로웠다. 맑은 공기를 쐬려고, 도착한 제주공항에서 숙소보다 먼저 협재해수욕장을 찾았다. 협재 바다의 수평선은 파란 하늘과 바닷물 빛깔이 같아서 경계가 모호해 보였으나 파도에 씻긴 모래사장은 정갈하고 편안했다. 미처 해수욕객들이 나오지 않은 모래사장에서 맨발로 걷노라니 모래밭의 감촉이 좋아 그야말로 신세계에 들어선 것 같았다.

 직장 초년생 시절 여름휴가를 교직에 있는 친구의 여름방학에 맞춰, 비용이 만만찮은 3박 4일 제주도 관광팀에 지원했다. 여행을 계획하며 많은 기대를 하지 않았다. 이름 있는 명소보다 한적하면서 멋진 곳은 없을까, 패키지여행이었지만 예정된 코스에서 벗어나 좀 더 신비로운 곳으로 가보고 싶은 호기심까지 포기하진 않았다. 그러나 예기치 못한 날씨로 예정된 명소도 몇 군데 못 들를 줄이야. 직장 초년생으로서의 서툰 업무와 스트레스, 도회지의 멀미에서 며칠이라도 벗어날 수 있다는 홀가분한 마음과 아름다운 자연, 순후한 인심의 사람들도 만났으면 좋겠다는 마음을 품고 떠난 여행이었다.

협재 모래사장을 걸어 맑은 바닷물을 향해 가던 나는 발밑에서 뜻밖의 돌멩이 두 개를 만났다. 가까이엔 돌밭도 보이지 않는데 그냥 바닷물에서 떠내려온 것으로 보기엔 좀 커다란 돌멩이가 모래 속에 반쯤 묻혀 있었다. 하나는 새까만 현무암으로 울퉁불퉁한 돌덩어리였다. 평평한 쪽을 바닥에 놓으니 윗부분이 크고 작은 산봉우리들 같아 여간 멋진 게 아니었다. 하나는 매끈하고 길쭉한 화강암인데 줄무늬가 이색적이었다. 평소 수석 수집의 취미가 있던 것도 아닌데, 호들갑을 떨며 움켜 안는 내게 친구는 단호하게 말했다. 제주도에서 돌을 갖고 나가는 것은 불법이니 그냥 보기만 하고 두고 가라고 했다.

아, 까맣고 울퉁불퉁한 산봉우리들이 솟아 있고, 몇 군데 굴 구멍처럼 팬 것이 바다에 둘러싸인 신비로운 한라산의 축소판 같은 것을 어떻게 두고 가나. 집에 가서 널따란 수반에 물을 채워 놓고 보면 바닷물에 싸인 한라산 같을 것으로 여겼다. 마치 오래도록 갈망해 온 어느 결정체를 만난 듯한 순간 나는 들떠서 돌에서 손을 뗄 수가 없었다. 만류하던 친구는 제주에서의 나흘 동안만이라도 갖고 보겠다며 가방 속에 얼른 넣어버린 나를 더는 저지하지 않았다.

여행 둘째 날엔 서귀포의 숙소에 머물렀다. 푸른 물빛을 보려고 바다 쪽으로 창이 있는 방을 부탁했지만, 이른 저녁을 먹고 산책을 나서니 짙은 해무(海霧)가 창 밑에까지 몰려와 있었다. 신비로운 가슴을 열어 보일 푸른 바다, 밝고 넓은 시야를 확보하여 시간에 쫓기던 긴박감에서 벗어나 수평선 너머의 이상을 꿈꿔보고 싶던 소망을 안개가 가려주었다. 답답하여 숨이 멎을 것 같은 기분이었으나, 다음날 가보기로 한 힘차게 흘러내릴 폭포 앞에서나 하소연하려는 마음으로 숙소로 돌아와 현무암 돌멩이를 꺼내 보았다. 다음날 폭포관광도 비가 내려 관광버스 안에서 멀리 바라보는 것으로 끝났다.

나는 숙소에서 내가 주운 돌멩이를 보며 아무도 들려주지 않았던 제주도의 비밀을 상상해 보았다. 골짜기처럼 패인 돌의 구석구석에 전설이 있을 것 같고 제주도에 기대했던 비상이나 환상이 산봉우리 위로 너울거릴 것 같았다. 동갑인 친구가 "우리 둘이 용띠니 비를 몰고 다녀서 관광도 제대로 못 했다."라고 불평하는 옆에서 나 또한 우울하기까지 했다. 제주를 떠날 때 돌멩이를 버려두고 갈 생각을 하니 섭섭한 마음으로 바라보다 잠이 들었다.

바다는 거대한 파도의 몸짓으로 몸부림치다가도 절망 대신 작은 파도로 부서지고, 다시 잔잔해져서 이성을 되찾는다는 가르침을 준다. 안개 때문에 보이지는 않아도 울림으로 전해오는 작은 파도를 잠결에 느꼈던 것 같다.

세월은 많이 흘렀지만, 바닷물이 몸부림으로 자기와 투쟁하며 계속 새로 태어나는 것처럼 변신하고 발전해 왔느냐고 책상머리의 제주도 돌멩이가 질문하는 것 같다.

협재 바다에서 발견했던 돌 두 개 중에서 하나라도 육지로 가져갔으면 하며 잠깐 선택의 고민을 했다. 살아오는 동안 선택의 문 앞에서 망설여야 하던 세월도 많이 지나왔다. 두 개의 돌멩이 중에서 한라산 모형 같은 현무암을 품고 싶던 철 없던 염원이 이루어져서, 50여 년 동안이나 반려견처럼 내 곁을 지키고 있다. 제주공항의 짐 수색대에서 적발되면 포기하려고, 가방에 숨기지 않고 쉽게 볼 수 있는 보자기에 쌌기에 검사원이 수상히 여기지 않고 통과시켜 준 덕분이다. 여러 차례 이사하면서 귀한 책들은 서슴없이 버렸으면서도 동행해 온 돌멩이. 날씨 때문에 들러보지 못한 절경을 제주도 축소판인 돌멩이를 보며 상상하기도 한다.

    인생의 참된 의미는 고통 뒤에 이뤄진 성숙에서 찾을 수 있고, 깊이 있는 삶을 겪어내야 가치를 터득하게 되는 것이 아닐까. 화산 폭발 등 지형적으로 진통을 겪고 오묘하고 아름답게 이뤄진 섬으로 갖가지 생명을 품고 가꾸는 제주도. 이런 제주도의 귀한 의미를 깨닫기보다 그 돌멩이를 발견했던 순간, 노력하지 않고도 우연히 찾아진 행운 같아서 나는 경탄했었다. 살아오는 동안 다른 분야에서도 그런 행운을 기대하는 막연한 욕심을 버리지 않고 행운의 부적처럼 여기려는 나의 얄팍한 속셈을 돌멩이는 알고 있을까.

[2024.]

상상력을 돋우는 신화

지난여름 국민화가 이중섭(1916~1956)의 부인(마사코, 한국 이름 이남덕) 별세(8월 13일) 보도를 읽으면서 '이건희 컬렉션 특별전 : 이중섭'(국립현대미술관 서울관 2022. 8. 13~)에서 본 엽서화들이 생각났다.

나는 20대의 이중섭이 결혼 전 도쿄문화학원에서 만난 연인 야마모토 마사코에게 보낸 엽서화(1940~1943)를 주로 보았다. 이전의 이중섭 전(1979년 미도파화랑 '이중섭 작품전', 1999년 갤러리 현대의 '이중섭')에서는 이 부부의 비극적인 삶과 예술세계를 알게 되었고 그리움과 사랑이 담긴 편지와 그림들에서 마음이 아팠었다. 이번 전시회는 마사코가 결혼 전에 받아서 간직하고 있던 엽서화들이 많아서 동경과 희망이 담긴 그림들이지 않을까 기대하기도 했다.

말년에 마사코 여사는 인터뷰에서 '그는 미남이었고 마음이 따뜻한 사람'이었다고 할 만큼 원산 출신의 이중섭은 잘생기고 운동 잘하는 스타로 평론가들이 '천재 화가가 반도에서 왔다'라고 하며 인정했다고 한다. 그는 후배 마사코를 좋아하여 1940년에 사랑의 편지 대신 엽서에 그림을 그린 엽서화 〈상상의 동물과 사람들〉을 보내고 1주일에 한

번씩 엽서화를 보냈는데, 첫 엽서화 제목이 시사하듯 초현실적이다. 그 시절 이중섭은 초현실주의와 기하학, 추상미술 등 당시로선 급진적인 작품 세계를 추구하는 자유 미술가협회를 무대로 김환기·문학수·유영국 등과 함께 활동했다.

사랑한다는 이야기를 함축적으로 담은 그림인 엽서화. 좋은 그림이 나오기까지 공을 들였다는 해설에 좋지 않은 시력으로 열심히 들여다보고 한쪽 벽에 비추는 확대화면도 바라보았다. 사람과 동물, 아이들을 소재로 사람처럼 춤추는 말, 사람과 물고기를 같은 크기로 그리는 등 상상력이 빛났다. 가족을 생활고로 일본에 보내고 그리움으로 그렸던 그림들보다 밝고 동화적인 결혼 전의 엽서화.

같은 도쿄에 사는 연인에게 엽서화로 고백했으니 어두운 그림자가 있을 리 없었으리라. 그런데 이중섭은 1943년 대학원 재학 중 문화학원이 강제로 폐쇄되고 2차 대전의 격화로 일제의 징병을 피해 원산으로 돌아와야 했다. 적극적인 이중섭은 1944년 12월, "결혼이 급하다"라고 도쿄에 전보를 쳐서 혼자서 공습을 뚫고 용감하게 대한해협을 건너온 마사코를 극적으로 만났다. 이들은 1945년 원산에서 우리 전통 혼례식을 올리고 이중섭은 마사코에게 '남쪽에서 온 덕이 많은 여자'라는 뜻의 이남덕(李南德)이라는 한국 이름을 지어 주었다.

〈상상의 동물과 사람들〉의 한가운데에는 소의 머리에 물고기 꼬리를 한 동물이 날아오르는 모습이 있다. 이 동물 위에는 두 사람이 타고 있는데 소머리 위의 뿔 같은 귀를 붙잡은 채 뒤돌아보고 있는 소년과, 물고기 꼬리를 두 다리로 휘감은 채 길게 팔을 뻗으면서 소년을 뒤따르고 있는 사람이 있다. 물에서 날아오른 이 동물은 왼쪽의 오리와 마주하고 있고, 오리 옆에는 한쪽 팔을 젖히고 하늘 향해 얼굴을 든 사람이 있다. 신화적인 이미지가 담긴 환상적인 40년대 초 그림을 보면서 이중섭과 마사코의 사랑 또한 비현실적인 파란만장한 신화 같다는 생각을 하게 한다.

 6·25전쟁 때 이중섭 가족은 원산에서 맨몸으로 피난민 수송선을 탔다가 제주까지 가서 단칸방에서 어렵게 살았다. 그러다가 마사코 여사는 부친의 별세로 1953년 아이들과 일본으로 갔다가 한일관계의 악화로 부부가 만나지 못했다. 이중섭이 가족과 만날 희망으로 열심히 그림을 그렸으나 전시회마다 실패하였고, 그에 절망하여 음식마저 끊었다. 정신이상까지 되어 '나의 생명'이라던 아내에게 편지도 안 보내고 아내가 보내온 편지도 보지 않았다고 한다. 1956년 9월, 가족을 만나지 못한 채 그는 마흔 살에 적십자병원에서 영양실조와 간염 등으로 생을 마감했다.

 나뭇잎 수런대는 소리가 들릴 듯한 〈나뭇잎을 따는 사람〉, 생명의 신비와 풋풋함이 전해오는 〈과일과 두 아이〉, 낯섦과 미지의 설렘이 있는 〈줄 타는 사람들〉 등 환상 같은 그림들이지만 후일 겪은 가족의 비극을 생각하니 애잔함이 스며왔다. 우수에 젖은 그리움이 밀려와서 선뜻 자리를 뜰 수가 없었다.

 작은 그림들이 주는 파장이 우주보다 넓고 담긴 이야기가 무궁무진한 엽서화들. 이중섭은 작은 스케치 그림들을 1953년 아내에게 주면서 나중에 형편이 좋아지면 대작으로 완성하려고 그려본 스케치라고 했다고 한다. 그러나 대작으로 그려보려던 꿈은 이루지 못했다.

이남덕 여사는 남편과 7년을 함께 살았고 못 만난 지는 70년, 그가 돌아간 후 66년 동안 재혼도 안 하고 아들과 살다가 올여름에 세상을 떠난 것이다. 그리움과 기다림, 손바닥만 한 엽서의 그림에서 마사코는 현해탄보다 깊은 사랑, 만리장성보다 긴 사연을 읽지 않았을까. 그림들에서 그리운 이의 모습과 향기까지 느낄 수 있는 창의력 아닌 상상력의 힘으로 살았을 것 같다.

이제는 인쇄된 엽서화라도 바라보며 상상력을 돋우는 신화 같은 사랑을 나눴던 행복한 인연의 이야기를 들어봐야 할 것 같다.

[2023. 5.]

남은 자들의 의무

제임스 카메론 감독의 영화 《타이타닉》(1998년)은 호화여객선 타이타닉호 침몰 사고(1912년)를 영화화한 작품 중 관객들의 가슴에 깊은 울림을 주었다. 1998년 제70회 미국 아카데미 시상식에서 감독상, 작품상을 포함해 11개 부문을 수상할 만큼 높은 수준의 영화예술 작품으로서 흥행에도 성공하여 역사상 가장 큰돈을 벌어들인 영화라는 기록도 갖고 있다.

이 사고를 테마로 처음 만들었던 흑백영화(진 레굴레스코 감독, 클라프톤 웹 등 출연, 영국 1953)를 보면서(60년대)도 감동하고 인상적이었는데, 제임스 카메론 감독의 《타이타닉》은 화려하고 방대한 규모와 가상 인물과 실제 인물로 구성된 이야기로 오래 잊히지 않는다. 특히 이 영화의 주제곡 〈My heart will go on(내 마음은 그대로일 거예요)〉이 흡인력이 있어서인지도 모른다.

그런데 이 주제곡을 불러서 영화주제가상을 안겨준 캐나다 출신의 가수 셀린 디온(Celine Dion, 1968~)의 어두운 소식이 최근 전해졌다. 주제가 〈My heart will go on〉은 당시 빌보트 차트 8주 연속 1위를 기록하고 그래미상(賞)을 5회나 수상했다. 그런데 셀린 디온은 영화 개봉 다음 해에 갑자기 은퇴를 선언해서 섭섭했었다. 알고 보니 남편이 후두암에 걸려 가족과 함께 시간을 보내기 위해서였다. 26년 연상의 남편인 가수 르네 앙젤릴(1942~2016)은 셀린 디온을 가수로 길러준 매니저로서 셀린 디온과 오랜 비밀 연애 끝에 주변의 반대를 무릅쓰고 결혼했다. 자신의 성공을 남편의 덕이라고 돌리는 셀린 디온의 가창력은 널리 알려진 사실이다.

2년 전 그녀가 근육강직인간증후군에 걸렸다는 소식이 외신으로 전해져서 놀랐는데, 최근 증세가 심해져서 노래를 부르기 위해 성대 쓰는 것도 어려워져 예정된 콘서트 일정을 전면 취소했다고 한다. 지난 5월에는 투병기가 다큐멘터리로 제작되었다는 보도(5월 24일 채널A, 9시 뉴스 외)에서 예고편 1부를 보여줬는데, '기어서라도 무대에 갈 것'이라는 무대 복귀 의지가 강한 말을 하는 그녀의 모습이 너무 수척하여 가슴이 아팠다. 백만 명 중에 한 명꼴로 걸린다는 근육강직인간증후군은 아직까지 완치되는 약이 없다고 알려져서 더욱 안타깝다. 영화 《타이타닉》 주제가의 "그대가 여기 있기에 난 아무것도 두렵지 않아요. 그리고 내 마음은 그대로일 거란 것을 난 알아요."라는 가사처럼 남편이라도 곁에 있다면 얼마나 좋을까.

영화 마지막 부분의 남녀 주인공 잭과 로즈의 애달픈 이별 장면이 떠오른다. 암초에 부딪친 배에 물이 차면서 배가 기울어지고, 타이타닉호는 두 동강이 나서 뒷부분이 바닷속으로 잠긴다. 잭과 로즈는 배의 맨 앞으로 기어 올라가 힘겹게 매달렸다가 끝내 바닷속으로 떨어진다.

잭은 바닷물에 뜬 조각을 찾아내 로즈를 올려 태워 주면서 "구조대원이 구하러 오면 꼭 살아야 해. 절대 포기하지 않겠다고 약속해."라고 한다. 그리고는 지친 잭이 바다 물속에서 숨을 거두는 애절한 장면이 아직도 눈에 선하다. 깜깜한 바다에 구출대가 나타나지만 힘이 빠진 로즈는 목소리가 안 나오자 잭의 마지막 부탁에 용기를 내어 근처 물에 뜬 시체에서 호루라기를 꺼내 있는 힘을 다해 불어 소리를 냈다. 영화 속의 주인공 로즈처럼 셀린 디온도 구원의 호루라기라도 불면 치료의 기적이 이뤄질까.

구출된 로즈의 실제 인물은 늙게까지 생존하여 수많은 사람을 감동시키는 생애를 살았다고 한다. 영화에서 또 하나 남아 있는 감동은 침몰 현장에서 단 하나 구해졌던 바이올린의 소식이다. 11년 전인 2013년 그 바이올린의 경매소식이 있었다. 타이타닉호의 악단장 월레스 하틀리는 배가 침몰하는 동안 탈출을 포기하고, 절망하는 승객들의 마음을 진정시키려고 배가 완전히 가라앉을 때까지 악단원들과 함께 끝까지 남아 음악 〈Nearer, My God, to Thee(내 주를 가까이하게 함은)〉를 연주하다가 최후를 맞았다. 하틀리와 악단원, 그들의 악기가 모두 물속에 가라앉았다. 그런데 시신을 수습할 때 나머지 악단원과 그들의 악기는 물속에 사라졌으나 바이올린 가방이 몸에 묶여 있던 악단장은 물에 떠올라 그의 시신만이 수습될 수 있었다. 마지막까지 연주하느라 당연히 구명조끼를 입지 못해 바닷속으로 가라앉아야 했는데 몸에 묶었던 바이올린 가방의 부력(浮力)으로 몸이 떠올라서 그의 시신이 수습

될 수 있었던 것. 하틀리는 마지막 순간 약혼녀의 선물이었던 바이올린을 가방에 넣고 그 가방을 몸에 꽁꽁 묶었다. 죽을 것을 알면서도 죽어서라도 바이올린과 함께하려 했다.

바이올린은 약혼녀 마리아에게 돌아갔다. 그녀가 59세에 숨지자 어느 자선단체로 넘어갔다가 2013년 10월 20일 경매에 붙여졌다. 그 바이올린은 마찌니 로고가 붙어 있지만 진품이 아닌 짝퉁이었는데 경매에 올라 15억 원에 낙찰되었다고 한다.

타이타닉호의 승선 인원 2,208명 중 1,513명이 구조되기까지는 약한 여성과 어린이 먼저 구명보트에 태운 신사도 정신과 아수라장 속에서 끝까지 키를 잡고 배와 함께 죽음을 맞이한 선장의 책임감과 노고도 있었다.

셀린 디온의 노래를 들으며 큰 사건을 겪지 않았더라도 남아 있는 자들은 이들의 사명, 의무감, 희생정신을 되새겨야 할 텐데. 하틀리의 바이올린은 어떤 장식장에서 남아 있는 우리에게 선한 의무감을 깨우치고 있을까.

[2024. 9.]

대리만족을 꿈꾸며

tvN 예능프로그램 〈텐트 밖은 유럽 노르웨이〉 편(2023. 6. 29) 8회째를 보았다.

텐트밖엔 눈바람이 휘날리는데, 불 켠 텐트 안에서 대원들(유해진·진선규·박지환·윤균상)은 노르웨이산 대구포를 찢어 들기름으로 볶은 뒤 야채 양념과 국간장으로 맛을 낸 시원한 대구탕을 먹고 있다. 그들은 예상했던 것보다 맛있게 된 식사를 하면서도 세찬 눈바람이 가라앉아 애타게 기다리던 찬란한 오로라를 볼 수 있기를 염원한다. 나도 몇 년 전 북구 여행 때 노르웨이에 들렀지만 오로라 체험을 못해 봤기에 그들처럼 간절하게 날씨가 평온해지기를 기다렸다.

얼마나 많은 사람이 말로만 들어온 오로라를 보고 싶어 하고 있는가. 그들의 애타는 염원은 우리 시청자들의 소망이기도 하다. 죽기 전에 해보고 싶은 버킷리스트를 집 안방에서 이루다니. 현지의 기상 조건이 좋아져서 밤하늘의 황홀하고 초현실적인 오로라의 모습을 우리 모두에게 보여줬으면 하고 바랐다.

우리 여성들은 평소에 TV 드라마를 보며 현실에서 있을 수 없는 간접 경험을 하고 만족해하며 사는 경우가 많다. 특히 이번 《텐트 밖은 …》에서의 오로라 체험은 나도 꿈꿔왔기에 대원들이 꼭 보게 되면, 시청자인 나는 현장 아닌 화면으로나마 장관을 볼 수 있겠다는 희망에 부풀어 있었다. 대원들이 찬란한 빛의 오로라를 감상할 꿈에 부풀어 계속 노래를 부르며 기다리다가 텐트에 들어가 잠을 청하는 것이 부럽기도 하였다.

　나는 살아오면서 내가 하고 싶은 일에 노력했음에도 불구하고 그 일을 하지 못하거나 또 갖고 싶은 것을 갖지 못했을 때 비슷한 것으로 대리만족을 느껴보려고 한 일도 있었다. 그러나 그 문제를 해결했을 때 느끼는 성취감과는 같지 않았던 기억이 있다. S초급 대학 조교 때 잠깐 지도해 주셨던 C교수님께서 한때 문장 수련을 위해 신경 써 주셨다. 김용익의 소설집 《겨울의 사랑》에 재현되어 있는 한국적인 삶에 대한 향수와 재현을 찾아보게 하신 것이 생각난다. 평소에 김용익 작가는 조국과 멀리 떨어져 있었기 때문에 도리어 한국적 삶과 정서를 생생하면서도 섬세하게 묘사했다는 《꽃신》. 그 교수님이 경영진과 뜻이 맞지 않아 떠나신 뒤 그 선생님의 지도계획이 이어지지 않아 나는 당황했었다. 나는 《꽃신》 이외의 다른 소설을 읽고 요약하는 식의 문장 공부를 한동안 해봤으나 대리만족도 얻지 못한 채 단념했었다.

　오래전 런던 여행 때 템스강 변, 런던 타워 브리지 근처의 숙소에 머물며 C교수님을 생각한 적이 있었다. 아침에 나가 보니 이미 런던 타워의 입장을 기다리는 관광행렬이 많이 서 있는데 놀랐다. 깊이를 알 수 없는 혼탁한 강물과 차갑게 뻗어 있는 돌다리의 무거운 분위기,

멀리서 보면 실루엣이 아름다운 런던 타워이지만, 그 옛날 정적(政敵)을 가두거나 종교적 교리를 거부한 종교인들을 가두었다는 감옥 얘기를 C교수님에게서 들었었다. 내가 애달프게 본 영화《천일의 앤》(Anne of the Thousand Days, 찰스 재롯 감독, 영국, 1971)에서 앤 공주도 갇혀 있었던 런던 타워. 영국왕조의 피비린내 나는 내력이 궁금한 것이 아니라 그들이 감옥의 벽면에 새겨 놓은 '신이여 나의 기도를' '나의 자유를' '신을 두려워하라' 등 처절한 절규와 필사적으로 남기려 했던 고통의 흔적들이 남아 있다고 한다. 이걸 보고 와서 인생의 고비에서 실망감이 들 적마다 좌절하지 않고 일어섰다는 C교수님의 빛난 눈빛이 생각났으나 정해진 스케줄에 따라 끝내 런던 타워에 입장하지 못하고 돌아온 일이 두고두고 아쉬움으로 남아 있다.

다른 사람의 성공으로부터 또는 원래의 목적과 다른 결과에서 얻는 만족, 이런 것을 대리만족이라고 한다면 내가 다른 나라의 관광 때 정객들의 감옥을 보며 정의감에 불탄다 해도 대리만족이 될 수 없을 것이다. 그리고 어쩌면 런던 타워의 감옥에서 벽에 새겨진 피의 절규를 본다 해도 C교수만큼 뭉클해지고 가슴에 새겨져서 내가 살아가는 길에 용기와 지혜가 되었을까.

자기의 이상이 실현되지 않더라도 절망에 부딪히지는 않아야 할 것을 알아차린 지금이다.

대리만족은 잠시 편안하게 여겨보는 것과 같지 않을까. 잠시 대리만족에 빠지지 않고 괴로움이 따르더라도 인생을 제대로 살아가는 것이 중요하다고 남에게 충고해 줄 수는 있다. 단순히 다른 경우의 삶을 부러워하거나 대리만족에 빠지는 경우가 없이 노력해야 할 것을 깨닫지만 갈 길이 너무 먼 것 같다.

코로나 팬데믹의 긴 시간을 지나 해외여행이 자유로워져서 오로라를 볼 수 있는 체험 여행 선전문과 함께 사진도 볼 수 있다. 3박 이상 체류해야 오로라를 볼 수 있는 확률이 95%라니.

나이가 이슥하여 버킷리스트니 성공이니 하는 단어도 멀리하고 싶은 요즈음이다. 그렇다고 젊은 시절부터의 목표를 이루지 못했다고 어떤 다른 것으로 대리만족을 꿈꿀 수는 없으리라. 나의 노력과 열정이 없어도 이루어놓은 성공에 함께 공감할 수 있는 오로라 체험. 나는 간접 경험 대리만족을 꿈꿀 수밖에.

[2023. 9.]

속도를 늦출 수 있다면

그린란드 빙하가 하루 200억 톤의 얼음이 물이 되고 있다고 하는데 40%가 녹았다고 한다. 남극 빙하가 녹아서 펭귄이 북극으로 이사하고, 섬나라들이 해발 높은 땅을 사들여 이주를 준비한다고도 한다. 이런 현상이 한동안은 우리네 반대편에서 일어나는 일로 여겨졌는데, 지구 온도 상승으로 우리나라에서 열대과일이 재배되고, 지난해 남쪽 지역에 물이 부족하면서 기후 위기를 절감한다.

기후 위기로 이산화탄소 배출을 억제하려고 화석연료에 탄소세를 붙이고 화석연료에 대한 보조금을 없애고 온실가스 사용을 줄이려고 화학비료와 농약사용을 줄여야 한다니 생산이 줄어 식량 위기까지 염려된다. 인류는 끊임없이 과학기술 발전으로 삶의 질을 높여왔지만 자연 앞에서는 속수무책이어서 획기적인 해결책이 마련되기를 기다린다.

미래의 기후 문제를 다룬 SF작품 《오로라 2-241》(한수영 작)은 날씨를 자유자재로 바꿀 수 있는 기술로 부와 권력을 쥔 토르가 지구 밖에 건설한 토르 월드에 사는 버드 소년이 지구에 불시착하여 지구 최후의 사과 품종을 키워 낸 농부 단비를 2090년에 만나는 이야기이다. 지금부터 100년도 앞서지 않은 미래에 지구가 황폐해지고 소수의 사람만이 토르 월드에서 살아가는데 그들은 행복할까. 버드는 2090년 아버지의 비행 슈트를 입고 지구로 가다가 강한 기류에 휘말려 2023년도의 지구, 단비네 사과밭에 떨어진다. 70년의 세월을 거슬러 과거의 지구에는 멸종된 줄 알았던 사과가 있다. 버드는 비행 슈트의 추진 단추를 잃어버려 토르 월드에 못 가고 단비와 친해진다. 버드는 2090년의 미래에서 왔으니 언젠가 지구에서 사과가 멸종된다는 걸 알고 앞으로 벌어질 일을 말해주는데 어른들은 믿지 않지만 단비는 믿는다. 버드가 지구에 온 지 230여 일이 넘은 어느 날 단비는 비행 슈트의 단추를 발견, 고민하다가 버드에게 주며 토르 월드에 가라고 한다. '오로라 2-241'은 버드가 지구에 온 지 241일째 되는 날이어서 만들어진 제목이다. 단비네 오로라 사과나무에 남아 있던 사과 2개 중에서 단비는 사과 하나를 갈라 씨앗 4개를 비닐 랩에 싸서 버드의 겨드랑이에 단단히 붙여 주고 작별한다. 토르 월드로 돌아온 버드는 유리병에 사과씨를 간직하고, 부모님에게서 오로라 2-241이 지구의 변한 날씨에 적응하도록 개발한 품종으로 그 사과를 만든 사람이 한국의 스윗 레인이라고 듣는다. 친구 단비가 바로 그였음을 알고. 버드는 다시 비행 슈트를 입고 지구로 떠나지만, 도착한 지구는 이미 모래로 뒤덮여 있다. 2023년 그 이후의 지구로 돌아간 것이다. 버드는 실망했지만 좌절하지 않는다. 모래 더미를 파헤친 후 땅속 구덩이마다 씨앗 한 알씩을 넣었다. 그는 씨앗들과 눈을 맞추며 희망을 선포한다. "살아남을 거야. 우린… 꼭 살아남을 거야."

소설 《오로라 2-241》의 희망적인 결말처럼 지구인 모두가 힘을 모아 건강한 지구로 회복시켜야 할 때이다. '혁신 없이 기후 변화는 해결될 수 없다.'라고 한 빌 게이츠(1955~)의 《기후 재앙을 피하는 법》(김영사 2021)은 기후 변화의 원인과 배경, 그리고 이로 인한 재앙을 어떻게 막아야 하며 어떻게 동참해야 하는지에 대해 종합적인 통찰과 시각으로 쓴 책이다.

"그 어떤 청정 에너지원도 원자력 에너지와 비교할 수 없다." "원전을 통해 기후 위기를 극복할 수 있다." "전기를 생산하는 과정에서 탄소 배출을 제로로 만들 수 있어야 지구 온난화를 실질적으로 막을 수 있다." 등등 다 열거할 수는 없지만 성의 있는 내용을 들려준다.

오랫동안 기후 변화를 외면해 왔던 선진국들도 개발도상국의 '손실과 피해보상을 위한 기금 설립안'을 타결(2022년 11월 20일)하는 등 대책을 서두르고 있다.

빌 게이츠의 해결책은 평범한 시민에게도 전문적인 영역으로만 여기지 않고 유연하게 대처하게 만든다. 전기차 이용으로 온실가스를 줄이고 인공 고기와 해조류를 먹어 이산화탄소 배출량을 줄이는 등등 시민으로서의 작은 실천만으로도 기후 위기의 속도를 늦추게 할 수 있을까.

[2023. 2.]

기다림과 희망

어렸을 때 살던 보안등도 없던 깜깜한 골목길, 언젠가부터 막다른 집 대문 앞에 알전구 외등이 켜져서 주위를 밝혔다. 밝은 전등 덕분에 밤중에 귀가해도 무섭지가 않았다. 어른들 말씀이 그 댁 할머니의 막내아들이 6·25때 학도병으로 전쟁터에 나갔는데 휴전이 되었어도 소식이 없었고, 그 아들이 헤매지 않고 집을 찾아오도록 외등을 달았다고 했다. 그 할머니가 세모가 다가오면 해가 다 가기 전에 아들이 돌아오기를 애타게 기다렸을 모습이 상상된다.

세모에는 연초에 시도했던 일의 성과와 수확을 셈해보는 이들도 있겠지만, 무언가 내 힘으로 되는 것이 아닌 것들이나 주변에서의 좋은 성과와 결과에도 마음 쓰이는 경우가 많을 것이다. 아들을 기다리던 어머니가 아니더라도, 정치나 사회문제가 잘 해결되고 개인적으로는 기별 없던 이의 안부나, 고대하던 일이 잘 해결되고 나서, 가뿐한 마음으로 새해 맞기를 바라는 이들이 많을 것이다.

기다림과 희망은 꼭 만나고 싶은 사람을 만나지 못해 마음 아프고 지칠 수 있고, 결과적으로 이루어지지 않았을 때 실망할 수도 있다.

그렇지만, 실제 소득이 없더라도 희망을 갖고 기다리면 주변 사람들에게도 일말의 위안이 되고 성장하게 하는 것임을 옛날 이웃 할머니에게서 보았다.

어느 해, 철원의 백마고지 전투에서 전사한 병사들의 신원이 밝혀지지 않은 채 있다가 극적으로 확인되어, 할머니는 기다린 지 6년 만엔가 그 아들이 전사자 중에 있었다는 통지를 받았다고 했다. 그날부터 골목은 깜깜해졌고 우리들 가슴까지 먹먹해졌다. 할머니는 전사 통지를 알려오기까지 기다리던 몇 년 동안은 희망을 갖고 웃고 살았다. 자신의 건강도 챙기고 주변에 꽃도 가꾸며 가난한 이웃을 도와주었을 뿐 아니라, 대문밖에 밝게 켜놓은 전등불로 골목 안 사람들에게 위안과 희망을 줄 수 있었다.

어떤 기대와 목표가 있는 기다림은 우리에게 인내와 기다리기 위한 힘을 길러주며, 신앙이 약한 사람에게도 기도할 용기를 준다. 그 과정이 믿음 성장의 기회가 되기도 한다. 나는 어느 날 타고르의 〈나의 기도〉를 읽다가 첫 구절부터 탄복했다.

나로 하여금 험악한 가운데서 보호해 달라고 기도할 것이 아니라/ 그 험한 것들을 두려워하지 말게 기도하게 하소서/ 나의 괴로움을 그치게 할 것이 아니라/ 내 마음이 그것을 정복하도록 기도하게 하소서….

단순하게 눈앞의 일만 해결해 달라고 구하는 것이 아니라 두려움을 없애주시고 괴로움을 물리칠 수 있는 힘, 실력을 구하는 기도였다.

그동안 우리가 원하던 것들이 이루어지지 않았더라도 포기하지 말고, 두려움 없이 도전하고 정복할 수 있는 실력을 기르기 위해 계속해서 노력하고 기도하며 찾아 나설 것을 권유하는 새해의 뽀얀 달력이 얼굴을 내밀고 있다.

연말은 우리에게 새로운 시작의 문턱을 안내한다. 새해가 다가올 때면 이전에 새로운 목표와 꿈을 가졌던 순간을 잊지 않았을 것이다. 그 순간부터 모든 것이 가능할 것 같은 기대도 했을 것이다. 아름다운 목표를 향해 그 지향점을 향해 벽돌 한 장 한 장을 쌓아가는 노력도 다짐하며 작은 변화부터 큰 도전까지 모든 것이 우리의 선택에 달려 있다는 것을, 미리 걸어둔 새해 달력은 일깨워준다. 연말부터 새해의 목표를 준비하기로 하자. 마음속에 품을 큰 꿈 하나 마련하자.

"한 마리의 제비가 봄을 가져오는 것은 아니란 옛말이 있다. 한 마리의 제비로서 봄이 오는 것이 아니라는 것도 사실이지만 그 제비가 봄이 되어야만 오는 것도 사실이다. 제비뿐 아니라 모든 땅이나 초목이 그저 기다리기만 하고 봄에 대한 준비를 하지 않는다면 결코 봄은 영영 오지 않을 것이다."라는 L.N. 톨스토이의 말을 기억하면서.

[2023. 11.]

돌하르방

코로나 팬데믹으로 오랜만에 친척의 결혼식에 참여했다. 주례가 "신랑과 신부는 서로 존중함은 물론 평소에 언어부터 품격 있는 단어를 쓰며, 좋을 때는 물론 말싸움하더라도 서로 존대하는 대화를 하라. 어떤 많은 사람에게서 존경받는 것보다도 가장 가까운 사람에게서 존경받는다는 것이 중요하다."라며 항상 지키라는 당부를 했다. 젊은이들에겐 진부하게 들릴 내용이어서 주위에 앉아 있는 이들을 둘러보았다. 존경과 존대는커녕 '너'라고 부르며 친밀감을 지나 아이들처럼 지내는 부부를 많이 봐왔기에, 보수적인 분이라고 여기며 나대로의 생각에 잠겼다.

존대어라면 학창 시절, 무애 양주동(无涯 梁柱東, 1903~1977) 선생님께 배운 〈정읍사(井邑詞)〉가 생각난다. 유일하게 전해오는 한글로 된 백제 가요 〈정읍사〉는 어거야 어강도리 등 후렴구를 빼면 "달님 높이곰 돋으사/ 아아 멀리금 비치시라/ 저자에 가 계신가요/ 아아, 진 데를 디딜세라(두려워라)/ 어느 거나 놓으시라/ 아아, 내 가는데 저물세라(두려워라)"로 남편을 기다리는 아내의 절절함이 잘 표현되어 있는 절창(絕

唱)이다. 그런데 처음 부분에서 그때의 표기를 보면 '달아'라고 하지 않고 '달하'라 했다. 고대에는 'ㅎ'이라는 연음소를 사용하여 존칭으로 썼다고 한다. 남편의 편안한 귀가를 달님에게 기원하는 내용이었으니 '달님이시여'의 존칭을 쓴 것이다. 전주장에 장사하러 간 남편이 돌아오지 않음에도 원망하지 않고 돌아오는 밤길에 진 데를 디디고 해를 입을까 염려하며 몸 편히 다니시게 해달라고, 달에게 축원하는 아름다운 여심이 느껴진다.

아내의 기다림이라는 것이 옛 가요에나 있는 우리와 동떨어진 얘기가 아니리라. 최근 일어난 국내 화성의 배터리 공장 화재나, 사우디아라비아의 무슬림 순례객들의 온열 참사 등 극단적인 위험은 아니더라도, 술 마시고 운전할까 봐 걱정하는 등 언제 어디서나 사고의 위험이 도사리고 있는 세태가 아닌가. 그리고 무엇보다도 그런 사고에 대한 걱정보다도 대인관계에서 말의 실수나 존경받지 못할 처신을 하게 될까 봐 걱정하며 기다리는 경우가 더 많지 않을까.

40여 년 전, 친구 동생이 우리 직장 동료와 결혼하여 그 집에 초대되어 갔을 때였다. 친구 동생은 일행 중에서 나를 은밀하게 불러내더니, 남편이 매일 통금시간에나 귀가하는데 급하게 운전하는 버릇으로 사고 낼까 봐 조마조마하고, 급한 성질에 이기적이어서 동료 관계가 원만한지 걱정이 태산이었다. 자기보다 6살이나 연상인 남편을 '물가에 내놓은 아이' 같다며 염려하던 생각이 난다.

그때 염려하던 친구 동생의 남편은 부인의 걱정만큼 이기적이지는 않았다. 최근 우리네 정치판에는 부끄러움을 모르고 이기적인 망언이나 폭언을 망설이지 않는 이들이 많아졌다. 정치인으로서 자신의 확실한 존재감을 높이거나 어떤 이권을 노리는지, 다 그렇지는 않겠지만 부정적으로 여길만한 사람이 많을 줄 알면서도 몇 사람에게 점수를 얻으려고 하는 의도적인 처신을 보게 된다. 그의 부인들도 양식 있는 이라면 친구 동생처럼 밖에서의 남편 행동을 염려하리라는 생각도 든다. 집 안에 있는 아내들이라도 남편이 나가서 올바른 처신을 할 수 있도록, 그야말로 진 데 마른 데를 분간하여 진창에 빠지지 않도록 〈정읍사〉의 아내처럼 기도는 못할망정 역사 앞에 떳떳한 처신을 하라고 권해야 하지 않을까.

백제 가요 〈정읍사〉는 남편을 기다리는 아내의 정서가 절절하게 표현되어 있으나 짤막한 시여서 구체적인 상황은 드러나지 않는다. 돌아오지 않는 남편을 바위에 올라 무사하기를 달에게 비는 노래를 부르다가 끝내는 망부석이 되었다는 설화가 정읍 근처에 전해온다고 한다. 이런 정서와 주제를 바탕으로 문순태(文淳太 1941~) 작가가 구체적인 배경과 인물 설정 그리고 사건들을 창조하여 쓴 아름다운 소설을 읽던 때의 감명이 잊히지 않는다. 백제 의자왕 때, 소설의 주인공 도림은 소금 행상이었던 아버지가 홍수에 소금을 잃어 화병으로 돌아가고, 어머니가 편찮게 되자 풍수가 좋고, 약초가 풍부한 샘바다라는 곳으로 이사를 한다. 월아를 만나 혼인한 도림이 소금 장삿길에 나가자 매일매일 기다리는 월아, 도림이 백제와 신라의 전투에 징병당한 걸 모르는 월아는 도림의 무사 귀환을 기원하다가 망부석이 되었다는 얘기.

아 망부석, 나는 40여 년 전에도 남편을 매일 기다리다 망부석이 될 것 같다는 친구 동생의 말을 들었다. 그 집을 나오다가 현관에 놓인 돌하르방이 눈에 들어왔다. 제주 신혼여행 중 남편이 산 것이란 말을 듣고 나는 그 돌이 망부석이란 생각이 퍼뜩 들었다.

신랑 신부에게 서로 존대어를 쓰라는 주례사에 이어서 신부를 너무 기다리게 하지는 말라는 부탁도 있었더라면 하는 생각을 하다가 고개를 저었다. 요즈음은 기다리다 지쳐서 망부석이 되는 아내는 없을 것이다. 조금만 기다리게 해도 참지 않고 이혼할 것이기에.

망부석이 될 수 없는 요즈음 세태라고 도리질하다가, 친구 동생네도 그동안 몇 번 이사하면서 돌하르방을 갖고 다니지는 않았으리라 짐작해 본다.

[2024. 7.]

유쾌함 옮겨 받기

여행이 자유롭지 않아서 근년에는 TV의 국내외 기행 프로그램을 자주 보게 되었다. 그러나 내가 가보고 싶은 곳을 만나기는 어려웠다. 지난여름 프랑스 편 방송이었는데 가보고 싶던 프로방스가 잠깐 나오더니 다른 여러 지역의 풍광을 보여주는 것이었다.

제작자의 기획 의도가 여러 지역 소개인 듯, 아쉬워하다가 프로방스의 아름다운 풍광이 나오는 영화 마르셀 파뇰(Marcel Pagnol, 1895~1974)의 《마르셀의 여름》을 생각했다. 소년 마르셀이 프로방스의 별장에 가서 울창한 숲과 꽃이 만발한 들판에서 자연과 교감하며 친구들과 우정을 나누고, 특히 전지전능으로 여겼던 아버지의 인간적인 면모도 보며 성장하는 모습이 즐겁고 유쾌하였다. 순진무구한 눈으로 바라본 작자의 어린 시절의 정서에 공감이 가는 동화 같아서 다시 보고 싶은 영화이다.

얼마 후 다른 TV의 기행 프로그램에 프랑스 편이 나와서 여름이니 아름다운 항구 마르세유가 나올까 기대했다. 그러나 프랑스의 미식(美食) 소개프로그램으로 마르세유 음식만 잠깐 나와서 그만 화면에서 눈을 떼고 있었다. 그런데 해설자의 한마디 말에 꽂혔다. "… 마르세유에서는 유쾌함에 긴장이 풀어지고 현재를 즐길 수 있는 여유도 생겨난다."라고 했다. 나는 이 말을 되뇌다가 앞서 든 《마르셀의 여름》도 참 유쾌한 영화지만 그보다 훨씬 먼저 보았던 마르셀 파뇰의 《화니》가 원작인 영화 《화니》가 생각났다. 마르세유 항구에서 벌어지는 사랑 얘기로 비극적이기도 한 내용인데 젊은 시절엔 시종 유쾌한 무드인 것을 못 마땅해하며 보았다. 마르세유에 들어오는 범선을 보며 대양에 나가려는 청년 마리우스와 생선가게 홀어머니의 딸 화니의 곡절 많은 사랑과 재회, 순탄하지 않았지만 즐겁고 웃기는 장면도 많아 유쾌한 분위기인 영화였다.

코로나 팬데믹으로 집안에만 칩거하니 우울해져서 DVD로 추억의 명화를 본다는 친구에게 《화니》의 DVD가 있는가 문의했더니 이것만은 못 구했다고 했다. 웬일인지 다른 명화들은 오래전에 없어진 KBS, MBC의 주말의 명화에서 다시 볼 수 있었고, EBS나 여타 케이블 TV의 추억의 영화에서 여러 번 볼 수 있었는데 《화니》는 한 번도 방영되지 않아 아쉬웠다.

뱃고동 소리를 들을 때마다 먼 대양으로 나갈 꿈만 꾸는 남주인공 마리우스. 그런 마리우스를 화니는 말리지만, 축제 분위기에서 그가 탄 호화선이 떠나가는 것을 보며 화니는 기절한다. 떠난 마리우스에게선 소식도 없고 임신한 화니, 어머니가 아비 없는 자식을 낳게 할 수 없다고 평소에 화니를 좋아한 파시니 영감과 결혼하게 한다. 영화를 보면서 사랑하는 사람의 자식을 잉태한 채 남과 결혼하는 그 설정이

용납되지 않았다.

파시니 영감은 너무 기뻐서 아기를 자기 호적에 넣고 재산의 상속자로 하겠다고 한다. 화니는 안정된 환경에서 아들 세자리오를 낳고 키우며 파시니와 잘 살고 있는데 어느 날 빈털터리로 돌아온 마리우스가 화니에게 나타난다. 파시니 영감은 화가 나서 '화니는 내 아내이고 세자리오는 내 상속자'라며 내쫓아서 마리우스는 자동차 정비업소에서 혼자 살게 된다.

화니가 기르는 아이가 자기 아들이라고 생각한 마리우스가 화니에게 따져 묻자, 나이 많은 세자르 영감이 타이른다.

"이 아이가 태어났을 때는 4kg의 무게였지. 4kg이나 되는 제 어미의 살이었어. 그사이에 붙은 5kg의 무게가 누구의 것인지를 아나? 그 5kg은 사랑의 5kg이지…." 아기의 성장이 사랑으로 감싸준 화니의 남편 파시니의 덕이었음을 강조하던 그 5kg의 무게에 대한 대사가 인상적이었다.

화니와 파시니의 결혼 10년 후, 파시니의 병이 위독해졌는데 부두의 감초 영감 세자르는 화니가 낳은 세자리오를 마리우스에게 데리고 간다. 결국 마리우스는 자기 아들 세자리오를 태우고 파시니의 저택에 도착하는데 창밖에 세자리오와 마리우스가 서 있는 것을 본 파시니는 친구 세자르에게 자기의 말을 받아쓰게 한다. "내가 죽은 뒤 마리우스는 화니와 결혼하고 세자리오의 아버지가 되어 달라. 그리고 아이의 라스트 네임(姓)은 유지해 달라."고 부탁하면서 숨을 거둔다.

보통 사람으로선 이해하기 힘든 해피엔딩에 울컥 감동했었다. 이 영화는 국내에 DVD가 없다니 다시 보기 어렵겠지만, 나이가 많아진 지금 본다면 그때 얼핏 납득이 안 가던 것도 이해가 될 것 같다.

다소 원초적이고 꾸밈없는 감정이 드러나고 시종일관 유쾌한 분위기이던 이 영화를 보면서 미래가 불투명하던 20대의 암울함에서 잠시 유쾌한 탈출을 했었다. 다시 한번 본다면 유쾌함을 옮겨 받아 답답함이나 우울한 마음도 해소될 것 같다.

프랑스의 극작가로 영화 제작자 겸 영화감독으로 활동한 마르셀 파뇰의 3부작인 《마리우스》《화니》《세자르》 중 《화니》를 미국의 조슈아 로건 감독이 프랑스 배우들(레슬리 카론, 샤르르보아이에, 모리스 슈발리에)을 기용하여 리메이크(1961년)한 영화 《화니》를 1964년엔가 중앙극장(지금은 없어짐)에서 보았다.

마르셀 파뇰의 묘비에는 '너무나 울어야 할 일이 많았던 이들에게 즐거움을 선사한 남자'라고 새겨 있다고 한다. 그는 분명히 내게도 유쾌함을 옮겨 받게 한 예술가였다.

[2023.]

섣달의 편지

오래된 설치물과 지저분하던 골목길을 재생하여 깨끗해졌다는 이웃 동네(용답동) 골목에 한번 가보았다. 밝고 평평해진 아스팔트 바닥, 집들의 담장도 낮게 고쳐서 시각적으로 골목이 좀 넓게 보였다. 골목 막다른 곳에는 작은 공원이 있었는데 낡은 집 몇 채를 매입하여 헐어서 아이들이 뛰어놀 공원으로 만들었다고 했다. 공원을 돌아 나오던 나는 새로운 가로등을 올려다보다가 한쪽 옆에 세워진 선명한 빛깔의 빨간색 우체통에 눈이 끌렸다. 아 요즈음엔 길가에서 먼지나 뒤집어쓰고 있어서 좀처럼 눈에 띄지 않던 우체통인데.

어렸을 때 부모님은 빨간 우체통 모양의 저금통을 사주셨다. 어른들에게서 잔돈을 받으면 부지런히 넣었다. 돈을 아껴 쓰는 사람에게 단단한 땅에 물이 고이듯 재물이 모인다는 것을 강조하진 않았어도 꼭 필요한 것이 아니면 아껴 쓰라고 하셨다. 자주 돈을 넣지는 않았는데도 큰돈이 필요한 물건을 살 때 저금통을 헐면 많은 돈이 쏟아져서 경이롭게 여기기도 했다. 얼마쯤 있다가 어른들이 자주 큰 단위의 돈을 넣어줘서 사기를 높여주시려 했던 의도를 알아챘다.

장난감 같은 우체통은 성장하여 내 곁에서 사라졌지만, 길가의 우체통도 내게 유익을 주는 이미지여서 친근감으로 보게 되었다. 초등학교 때 선생님의 권유로 국군 아저씨께 보냈던 위문편지의 답장을 받았을 때 친구들이 부러워했던 일도 있었다. 그런데 사춘기인 중3 때 가슴 두근거리며 연애편지를 써보기 전에 한꺼번에 세 통의 편지를 썼던 일이 있었다. K여중의 유○숙, 오○자, 그 이전에 다녔던 고향의 이○신 등 세 친구였다. D여중에 전학했던 나는 타지에서의 낯섦이 심해서 친구가 보고 싶다는 내용을 적었던 것 같다. 당시 유성에서 대전으로 버스 타고 통학하던 나는 저녁때에나 우표를 파는 가게에서 우표를 사서 붙여서 우체통에 넣어야 했다. 내가 가게에 갔을 때 어른들이 출타 중이고 어린 딸에게 우표 석 장 값을 주면서 어른들 오시면 돈을 드리고 우표를 붙여서 우체통에 넣어달라고 부탁했다.

한 달이 지나도 세 친구 중 누구에게서도 답장을 못 받은 나는 뒤늦게야 돈이 귀하던 시절에 어린애에게 돈을 맡긴 것이 잘못이었음을 깨달았다. 지금 생각해 보면 다시 편지를 보내서 경위를 말하고 친구들과 교제를 이어 갔어야 했는데 당연히 그 친구들과는 연락이 끊기고 말았다.

나는 성년이 되어서도 호감이 가는 친구에게 편지 쓸 용기를 내지 못했다. 이성은 말할 것도 없고 친하고 싶은 여성에게도 그랬다. 어느 가을날 저녁 제법 아름다운 편지를 완성했다고 생각했는데 아침에 다시 읽어보니 유치해서 부치지 않은 편지도 있었다. 긴 밤 내내 몇 줄씩 썼다가 지우고 할 말이 많은 것 같았는데 편지로 남길만한 표현이 안 되어 구겨버린 건 몇 번이었던가.

　어떻든 그 시절엔 기다림과 동경으로 빨간 우체통을 바라보았다. 보내지도 않았으면서 내게 오는 아름다운 편지는 없을까 막연히 기대도 했다. 그리고 한때 현실에서 무언가 채워지지 않을 때 마음의 허전함을 채우기 위하여 낙서처럼 썼다가 부치지 않은 적도 있었다. 내면의 갈망이나 헛된 욕심의 싸움에서 돌파구를 삼기도 했던 부치지 않은 편지. 실용적으로 긴요한 용건이나 안부를 전하는 등 사람들의 애환이 담겨서 그냥 지나칠 수 없는 사람들도 많았으리라.

　성실하게 뜨거운 편지를 주고받다가 결혼에 골인한 이들이 그 편지를 모아서 가보로 간직하는 이들도 많았다. 황순원 작가의 '우체통이 붉은 까닭이 연애편지를 많이 넣어서 붉다.'라고 한 말도 생각한다. 휴대폰이 발달한 요즈음 젊은이들은 전설같이 여기겠지만 연애편지 전달의 역할 뿐만 아니라 좌절과 절망의 사실도 우체통을 통해서 전달되었던 것이다.

　한동안 학교나 우체국에서 편지쓰기 장려 운동도 벌였고, 7년 전엔가 양평의 황순원 문학촌 소나기 마을에서 6개월 동안 '폰보다 편지, 사랑을 전하세요'란 주제로 '소나기마을 우체통'을 운영했다. 문학 전문 강사를 모셔서 글쓰기에 엄두를 못 내는 이들을 위한 편지쓰기 교실을 열고, 보내고 싶은 사람에게 손편지를 작성해 비치된 우체통에 부치는 행사였다니 참여했던 사람들은 편지의 소중함도 실감했으리라.

　사연이 많거나 무미하게 지냈던 이들도 저무는 한 해를 되돌아보게 될 섣달. 길바닥을 밝게 하고 가로등, 시설물을 바꿔서 아늑하고 정감

가게 한 이웃 동네 오래된 골목처럼 주위의 낡은 것을 바꾸어 새해를 맞으면 어떨까. 주변의 사물을 바꿀 수 없다면 자신의 낡고 침체된 생각에서 벗어나는 것이 더 좋지 않을까.

  섣달엔 편지를 써야겠다. 부치지 않더라도 나를 설레게 할 내용으로 편지를 써보고 싶다. 아니 침체해 있는 이들에게 힘을 실어줄 내용의 편지를 써서 새로운 빨간 우체통에 가서 부치고 싶다.

[2023. 11.]

원형 무지개

우리 세대에게는 6·25전쟁의 상처가 커서 나이가 이슥해졌어도 잊히지 않는 일이 많다. 마침 문우 R시인이 꼭 읽어보라면서 고 이승만 대통령 부인 프란체스카 여사의 전시(戰時) 회상록(《프란체스카의 난중일기 6·25와 이승만》 기파랑, 2019)을 건네줬다.

이 책에는 이승만(李承晚) 대통령이 부인 프란체스카 여사에게 매일 들려준 전시 상황(1950. 6. 25.~1951. 2. 15.)과 이 대통령의 6·25전쟁 수행 노력, 전쟁 목표와 북진통일 의지를 세밀하게 기록하였다. 자유 대한민국을 지키기 위해서 우방인 미국과 참전 연합국의 의도와 대한민국의 국익과 상반될 때 정면으로 대치하는 내용이 구체적으로 정리되어 있었다.

그런데 내가 궁금한 것은 북한군이 쳐들어왔을 때 "국민 여러분 안심하십시오! 서울은 안전합니다."라는 방송은 했지만, 정작 자신은 이전에 피난한 사실이었다. 전군의 80%와 서울 시민 대부분을 피난 못 가게 하여 시민들은 한강 다리마저 끊어져 위기에 처했다. 서울에서 고생고생하며 우리 집으로 피난 온 친척이, 국민을 속이고 대통령 자신은 피난해 버린 처사를 계속 원망했고 어린 나도 동조했었다.

  이 책에는 도망할 마음이 없던 대통령이 각료들의 강권으로 피난을 했다고 1950년 6월 27일 일기에 나와 있다. 대구까지 내려간 후 이 대통령은 너무 많이 갔다고 하여 다시 대전으로 올라와 충남지사의 관사로 들어갔다고 했다.

  그 후의 방송 얘기는 이 책에는 없다. 훨씬 뒤에 알려진 얘기로는 '국민 여러분 안심하십시오! 서울은 안전합니다.'라는 내용이 아니었다. 충남지사 관저에 찾아온 미국의 무초 대사에게 유엔과 미국이 우리 전쟁을 적극 도와줄 것을 약속받고 나서 한 방송이었다. 요약하면 "유엔과 미국이 우리를 도와 지금 공중과 해상으로 무기, 군수품을 날라와 우리를 돕기 시작했으니 국민들은 고생이 되더라도 굳게 참고 있으면 적을 물리칠 수 있으니 안심하라."는 취지의 내용이었다. 그런데 방송이 나간 4~5시간 후 한강 다리가 폭파되었고 피신 사실을 철저히 비밀에 부치고, 서울에서 방송한 것처럼 만든 것이 알려져서 유언비어가 퍼지고 국민을 분개하게 했던 것이다.

  피난지에서 폭격기가 지나갈 때면 가슴 졸이며, 서울에서 피난 온 친척과 함께 이 대통령을 원망하던 8월 어느 날이었다. 가는 비가 살짝 지나갔는데 건너편 산 아래에 아름다운 무지개가 떠올랐다. 주일학교에서 여호와가 노아의 홍수 심판 후 다시는 홍수 심판으로 인간을 멸하지 않겠다고 언약하면서 증거로 보여주었다는 무지개가 생각나, 그 무지개를 보고 곧 전쟁이 끝날 것 같은 희망으로 기도했다.

  이 난중일기에도 대통령의 기도가 나온다. 북한군의 기습 남침에 대해 노(老) 대통령은 국군들을 자식처럼 여기고 "오 하나님, 우리 아이들(국군)을 적의 무자비한 포탄 속에서 보호해 주시고 죽음의 고통을 덜어주시옵소서. 총이 없는 아이들은 오직 나라를 지키겠다는 신념만으로 싸우고 있나이다. 당신의 아들들은 장하지만 희생이 너무 크옵니다. 하나님! 나는 지금 당신의 기적을 기다리고 있습니다."라는 처절한 기도에서 당시 거짓 방송했던 섭섭함이 조금은 상쇄되었다. 한편 대통령이 서울에서 떠나셨기에 단숨에 쳐내려온 북한군에게 체포되지 않은 것만도 다행이었다는 생각도 들었다. 정책 최고 결정자로서의 고민, 힘없는 나라의 대통령으로서 어찌할 수 없었던 역사적 순간과 한계, 위기에 빠진 우리나라에 도움 준 이들에게 감사한 마음도 들게 한다.

전쟁으로부터 나라와 국민을 구원해 낸 이 대통령과 프란체스카 영부인, 이역만리에서 목숨 걸고 싸워준 외국인 참전용사와 '우리 아이들(이승만 대통령 부부가 국군장병들을 일컫던 말)', 국난을 이겨낸 국민, 한국을 지원해 준 모든 나라에 대해서 나이 든 처지로서 진심으로 고맙게 생각한다.

이 책은 확고한 신념과 의지를 관철하려면 목숨 걸고 분투하는 자만이 자유를 지킬 수 있다는 것을 일깨워준다.

그러나 고령(高齡)의 이 대통령은 무리하게 집권을 연장하려 했으며 4·19혁명이 일어났고, 그 과오로 하야(下野)하고 망명 끝에 서거했다.

올해 4·19혁명 주역 50명이 고 이 대통령의 148번째 생일에 국립서울현충원 묘소를 참배했다. '이 대통령의 과오 뿐만 아니라 공을 다시 봐야 한다.'라고 했다니 반가운 소식이다. 지난 4월 28일 한미동맹 70

주년 기념으로 미국 조지 워싱턴대에서 열린 보훈처 주최 '이승만 대통령 재조명' 좌담회에서 이승만 비판 4대 주장(1. 친일 인사였나 2. 미국의 이익 추종했나 3. 6·25때 국민 버리고 도망 4. 한반도 분단 고착화했나)을 미국 교수들의 반박으로 모두가 왜곡이라는 결정을 내렸다는 소식이다.(조선일보 2023년 5월 1일 자)

《날마다 구름 한 점》(A Cloud a Day, 개빈 프레터피니 지음, 김성훈 역, 김영사 2021)에는 "모든 무지개는 완벽한 원의 형태를 이룰 수 있는 잠재력을 갖고 있다. 그런데도 우리 눈에 반원의 무지개만 보이는 이유는 그 아래쪽 절반이 땅에 가려져 있기 때문이다. 무지개를 통째로 보려면 아주 높은 빌딩이나 절벽 가장자리처럼 위쪽에서 보아야 한다."는 구절이 있다.

정부가 이승만대통령기념관을 추진한다고 밝혔다. 초대 대통령기념관 설립은 너무도 당연하다. 심한 반일주의자였는데 엉뚱하게 친일로 몰아버리고 미국과의 관계에서도 고마운 것은 고맙게 여기면서도 자주적이었던 이 대통령의 치적(治績). 그것이 반쯤도 알려지지 않게 가리려 했던 좌파들, 가짜뉴스로 가려졌던 역사적 사실을 알려야 하는 것이 나이 든 사람들의 몫이 아닐까.

《프란체스카의 난중일기 6·25와 이승만》을 읽으면서 요즈음엔 보기 어려운 무지개이지만, 색깔 고운 무지개가 희망을 주던 것을 상기한다. 완전하게 보이는 원형 무지개는 아니더라도 빨주노초파남보의 선명한 빛깔.

[2023. 4.]

오빠 생각과 아욱국

선선한 바람이 불어오는 가을 저녁이면 부드러운 아욱된장국이 생각난다. 우리 속담에 '가을 아욱국은 문을 걸어 잠그고 먹는다.'라고 할 정도로 서리가 내리기 전의 가을 아욱국은 특히 맛이 좋다. 칼슘이 풍부하여 성장기 아이들 발육에 이롭고 식이섬유가 풍부하여 변비 해소에 효과적이라고도 한다. 이런 영양학적 이론을 모르던 우리 할머니도 어렸을 땐 "영양분이 많아 키도 잘 큰다."라고 권해 주었지만 나는 미끄덩거리는 것이 싫어 잘 먹지 않았다.

기럭기럭 기러기/ 북에서 오고/ 귀뚤귀뚤 귀뚜라미/ 슬피 울건만/ 서울 가신 오빠는/ 소식도 없고/ 나뭇잎만 우수수/ 떨어집니다.

동요 〈오빠 생각〉의 2절 가사이다. 뜸부기 뻐꾸기 등 토착 새 이름과 오빠를 그리는 서러운 감성이 진한 이 노래를 조국 광복 후 초등학교에 다녔던 우리 세대는 자주 불렀다. 실제로 오빠가 있거나 없거나를 막론하고 노래하면서 봄에 서울로 떠났던 오빠가 왜 귀뚜라미가 우는 가을

이 되어도 소식이 없을까. 나뭇잎만 우수수 떨어지는 가을에도 왜 소식이 없을까 궁금해하면서 오빠에 대한 기다림을 애달프게 생각했다.

성장해서는 동요 〈오빠 생각〉을 부르지 않으면서도 가을바람이 불면은 '서울 가신 오빠는/ 소식도 없고/ 나뭇잎만 우수수/ 떨어집니다.'라는 가사가 생각나고 돌아오지 않는 '오빠'가 일제강점기여서 혹시 징용으로 끌려간 것은 아니었을까 하는 생각에 가슴이 뭉클해질 때가 많았다.

그런데 1970년대에 우연히 〈오빠 생각〉을 쓴 고 최순애(崔順愛, 1914~1998) 시인을 잠깐 뵌 적이 있었다. 사당동(남현동) 예술인마을에 사시는 미당 서정주 선생님께 동료 PD와 인터뷰를 갔을 때였다. 막 외출에서 돌아오시는 선생님을 마을 입구에서 만나서 댁으로 향하고 있었다. 당시 예술인마을에는 주택이 꽉 들어차 있지 않아 빈터에 채소를 가꾸는 주민들이 있었다. 그날 선생님께서 채소밭에서 일하는 한 아주머니를 가리키며 '저분이 〈오빠 생각〉을 쓴 최순애라는 분'이라고 하셨다. 선생님 댁과 마주 보는 댁에서 사시는데 어렸을 때 재주를 포기하고 어려운 살림에 남편 내조를 잘하고 있다고 하셨다. 반가운 마음에 〈오빠 생각〉의 오빠가 왜 소식이 없었는지 여쭈어보고 싶었는데 곱상하게 웃는 모습에 그냥 목례만 하고 지나쳐서 아쉬웠다.

그러나 최순애 작가 오빠의 정체를 미당 선생님에게서 들을 수 있었다. 동경으로 유학했던 오빠 최영주(崔泳柱 본명 최신복, 1901~1945)가 관동대지진 때 조선인 학살을 피해 돌아왔으나 서울에서 어린이 계몽운동과 독립운동을 하느라 수원의 집에 있지 않았다. 한 달에 한 번도

집에 못 오는 오빠는 일본 순사들의 눈을 피해서 숨어 있어야 했다. 그 오빠를 누이동생은 서울 하늘을 바라보며 그리워하다가 〈오빠 생각〉을 12살의 소녀가 썼다는 것이었다.

그 오빠가 소파 방정환이 만들던 잡지『어린이』지에 그 동시를 보내어 당선작으로 글이 게재되었던 것이 1925년 4월이었다. 후에 남편이 된 이원수(李元壽, 1911~1981)의 〈고향의 봄〉이 다음 해(1926년)『어린이』지에 발표되었다.

이원수와 최순애는 서로의 작품을 너무 좋아하여 펜팔 편지를 나누고 사진을 보내면서 20대가 되자 혼인을 약속했다고 한다. 20대가 된 두 사람은 어느 날 최순애가 살던 수원역에서 만나기로 했으나 이원수 선생이 그 자리에 안 나타났다. 당시 청년 이원수는 독서회를 통해 불온한 행동을 했다는 이유로 일경에 잡혀 1년간 수감 중이었다. 최순애 선생 댁에서는 그를 기다리는 것을 말렸지만 최 시인은 이 시인이 풀려날 때까지 기다렸고 1935년 6월 혼인을 했다. 방정환과 함께 일했던 오빠 최영주 씨가 청년 이원수 씨의 재주를 알아보고 적극적으로 밀어주었다고 한다.

일제 식민지 시대의 대표적인 동시 〈고향의 봄〉과 〈오빠 생각〉은 각각 홍난파와 박태준 씨의 작곡으로 지금껏 애창되고 있는 노래이기도 하다.

근년(2018. 7월호 월간조선『藝家를 찾아서』)에 자녀와의 인터뷰에서 "아버지(이원수)는 어머니(최순애)를 만나 덕을 봤죠. (웃음) 안 그랬으면 작가 생활을 제대로 하셨을까요? 모든 면에서 어머니는 참고 이해하며 지원하셨으니까요. (…) 미당 서정주 선생님이 맨날 그러셨어요. '우리 두 사람은 마나님을 잘 만나, 마나님 덕에 산다.'고요. 보통 아내 같았으면 다 도망갔죠. 아버지는 어머니 덕에 살았고, 당신이 쓰신 문학작품도 어머니가 맨날 읽어주고 '잘 쓴다, 잘 쓴다'라고 격려하고 이해해 주셨으니까 작가 노릇을 할 수 있었지요."라고 차녀 정옥이 어머니의 헌신적인 모습에 대해 회고한 것을 보았다.

그 날 우리 일행이 녹음을 마치고 돌아오려고 할 때 마당의 댓잎들을 비추던 가을 햇볕이 막 넘어가고 있었다. 앞치마를 두른 사모님께서 부엌에서 나오시며 "찬은 없지만 구수한 아욱국을 끓여 놨으니 저녁을 먹고 가세요."라고 우리를 붙드셨다. 앞집 사모님 최순애 님이 기른 싱싱한 아욱을 많이 주셨다는 것이었다.

그날 먹은 구수한 아욱국의 맛과 최순애 시인의 곱고 넉넉한 인품이 생각나는 가을 저녁이다.

[2023. 9.]

세한도 속의 한 그루 나무 되어

"동서남북도 모르는 어린것이니 잘못하면 때려서라도 고쳐주세요."
어렸을 때 소풍날, 선생님 도시락을 가져오셨던 성원이 엄마가 선생님께 부탁한 말씀이 생각난다. 구태여 '임금·스승·아버지의 은혜는 같다'라는 '군사부일체(君師父一體)'까지 들추지 않더라도 우리 어렸을 때는 학부모들이 선생님을 존중하고 철없는 어린것들을 올바로 교육시켜줄 것으로 여기고 신뢰했다. 학창 시절에 어떤 선생님께서 재능을 일깨워준 덕으로, 혹은 사랑으로 감싸주셔서 성공했다고 은혜를 고마워하는 경우 또한 많았던 게 옛날 스승과 제자의 관계이다. 교권이 추락하여 안타까운 일이 일어날 때마다 우리 은사님의 스승 섬기던 모습을 생각하게 된다.

대학 시절, 스승 무애 양주동(无涯 梁柱東, 1903~1977) 교수님과 제자 석전 이병주 교수(石田 李丙疇, 1920~2010)님께서는 같은 강단(東國大)에서 후학을 지도하고 계셨다. 교수 논문집 간행의 아르바이트를 하던 나는 석전 선생님 교수실에 자주 출입하며 석전의 스승 섬기는 모습을 가까이 볼 수 있었다. 스승의 수필집 《문주반생기(文酒半生記)》

《인생잡기》 등 출판 때, 석전 선생님은 바쁜 일정으로 출퇴근하는 차 안에서라도 원고 정리와 교정을 위해 큰 가방에 인쇄물을 넣고 다니셨다. 마흔이 넘은 석전인데도 스승의 뜻이 면학에 있음을 알고, 야간에는 일주일에 두세 번 80세가 넘은 퇴경 권상노(동국대학교 초대 총장) 선생님을 찾아 한문학을 공부하셨다.

  1960년대, 신라가요·고려가요 등 고전 시가의 명강의로 소문난 무애 선생님의 강의실은 국문과생들은 물론 우리 대학 다른 과 학생들과 청강하러 온 타 대학생들로 언제나 만원이었다. 석조건물 2층 대강의실로 가방을 든 조교를 앞세우고 오셔서 복도에서 우선 담배 한 대를 피우신 무애 선생님. 당시 예순 정도로 당뇨 투병 중이어서 허약해 보이셨다. 무애 선생의 건강을 염려한 사모님께서는 "출석을 오래 부르고 강의는 무당처럼 힘들이지 말고 살살 조금만 하고 오세요."라고 당부하신다고 했다. 석전 선생님도 출근하는 무애 선생의 신색부터 살피고 과로하시지 않도록 배려하셨다. 석전은 무애 선생님의 출강 날 교수식당 메뉴가 당뇨에 좋지 않은 것이면 학교 밖으로 모시고 나가서 점심 대접과 담배를 덜 피우도록 간식을 준비해 놓곤 했다.

  공자(孔子)는 쉴 때 경쇠를 연주했는데 고민이 있을 때는 격한 감정을 담아 경쇠를 연주했다고 한다. 스승의 연주에 귀가 트인 제자 민자건(閔子騫)은 공자가 경쇠 연주하는 소리를 듣고 스승의 마음이 가라앉아 있음을 알아챌 정도였다. 석전도 스승의 컨디션을 무엇으로 짐작하셨는지 학교에 나오신 날에는 전전긍긍 평강의 기분을 지니도록 애쓰셨다.

유난히 추사(秋史) 선생을 좋아한 석전께선 〈세한도(歲寒圖)〉를 절묘한 그림이라고 우리에게 자주 들려주셨다. 지금은 많이 알려졌지만, 제주도로 귀양 간 추사에게 제자 이상적(李尙迪)이 귀한 서책과 화첩을 구해 스승을 찾아가 전해드렸는데 그의 정성이 고마워서 스승이 그려줬다는 〈세한도〉. 석전은 무애에게서 〈세한도〉 같은 선물은 받지 못했지만, 석전의 수필에서 "《두시언해비주(杜詩諺解批注)》를 견본으로 제본해서 갖다 드렸더니, 칭찬은 깜새 꾸지람이셨다. '책은 두툼하다고 무거운 건 아닐세. 언해를 빼고 내야지 왜 앞을 못 보나' 하셨다."라면서 그때의 날카로운 눈매가 지금도 눈에 어린다고 회고하셨다. "책이 나오기 전 서문을 써주실 때는 대견하다고 하셨는데 책이 나오고 보니 아쉬우셨던 선생이셨다. 그만큼 사랑을 독차지했었다."라고 하셨다.

 석전 선생은 세한도를 추사의 자화상이라고 하신 일이 있다. 초라한 토담집 안마당에 벼락으로 동강이 난 듯한 앙상한 노송이 추사이고, 노송 옆의 소나무 두 그루는 그의 문하생으로 보는데 하나는 제자 이상적이 분명하다고 했다. 석전께서는 이상적이 조선의 서화가, 문인, 금석학자, 실학자인 추사를 존경하듯이 무애 선생님을 존경하셨다.

 무애 선생은 만년에 방송에서 특유의 언변과 해박한 지식을 바탕으로 인기 있는 연사였다. 내가 MBC라디오에서 《일요정담》의 PD였을 때 서너 번 선생님을 섭외했었다. "나는 특별한 사람이니까 출연료도 특별해야 하네." 하셔서 석전 선생께 투덜거렸더니, 선생님은 당뇨에다 힘드셔서 자가용을 굴리느라 비용이 많이 드니 이해하라고 하셨다.

 석전은 "무애 선생의 자칭 국보(國寶)의 명칭이 틀리지 않다. 시인으로 출발한 문인, 영문학자이면서 조선고가연구, 신라가요, 여요전주 등 방대한 편저를 통해 후학들에게 방법론을 제시하여 국문학계에서 문헌 고증의 길잡이셨고, 출중한 시, 해학이 담긴 유창한 문장의 수필, 그리고 방송에서의 담론, 강단에서의 해박한 경론 등 누구도 그를 따를 자가 없다."라고 하셨다. 안타까운 바는 조선 고가 부분의 해석에 그쳤던 1, 2편에서 제3부 평설편을 남기겠다고 스승께서 항상 다짐하셨는데 그것을 못 지키고 돌아가셨음을 애석해하셨다.

1973년 무애 선생의 고희에 맞춰 발행한 《양주동 박사 고희기념논문집》, 학계 선후배 교수와 학자, 동문, 제자 등 다방면에 걸친 필자 확보에 알찬 글로 엮어 만든 《양주동 박사 프로필》 간행에 쏟은 제자 이병주 교수의 충정과 공로를 가히 이상적의 스승에 대한 고생과 충심에 비교할 수 있을까.

석전이 돌아가신 지도 13년이니 〈세한도〉 속의 한 그루 나무이고 싶으셨는지 여쭤볼 수도 없다.

[2024. 2.]

잊히지 않는 노래와

마른 나뭇가지에서 떨어지는 작은 잎새 하나
……
젊은 날엔 시인의 눈빛 되어 시인의 가슴이 되어
아름다운 사연을 태우고 또 태우고 태웠었네 (하략)

〈옛 시인의 노래〉를 듣노라니, 41년 전 속리산 관광호텔에서 있었던 한국수필가협회 주최 제1회 세미나가 생각난다. '한국수필의 어제와 오늘'이란 주제로 교수 네 분(고려대 김진만·동국대 이병주·경희대 서정범·서울대 구인환)의 강연이 있었다. 1971년 전에 발족했던 한국수필가협회 주최로 수필계에선 처음 연 세미나여서 문인협회 다른 장르의 문인들도 몇 분 참석했다.

  수필에 대한 이론이 빈약했던 당시에 전공 교수, 수필가의 강연은 모두의 관심을 집중시켰다. 그러나 세미나는 그때나 지금이나 회원들의 친목 도모도 중요한 일이어서 저녁엔 관광호텔 클럽에서 춤을 춘 사람, 동네 주막에 삼삼오오 모여서 회포를 푼 이들이 많았다. 그리고 돌아오는 대절 버스에서 갖는 작은 오락회도 잊히지 않는다. MBC라디오에 재직 중이던 나는 당시 최신가요 〈옛 시인의 노래〉를 불렀더니 반응이 놀라웠다. 나의 가창력보다 노랫말이 문인들에게 다가갔기 때문이다.

"뚜르르르 귓전에 맴도는 낮은 휘파람 소리/ 시인은 시인은 노래 부른다/ 그 옛날의 사랑 얘기를"의 가사가 맘에 드셨는지 어느 선배는 기념품을 내게 건네며 멋지다고 엄지손가락을 세우셨다. '좋은 날엔 시인의 눈빛 되어'의 가사를 잊지 않으신 고 황명 시인(후일 문인협회 이사장)은 문인 송년회에서 만났을 때 "시인의 눈빛으로 쓴 수필을 잘 읽고 있다."라고 하셨다. 그때만 해도 수필 인구가 적어서 다른 장르 선배도 문예지에 게재된 후배의 글에 관심을 두고 격려해 주셨다.

〈옛 시인의 노래〉 가사에서 '떨어지는 잎새'처럼 만추(晚秋)에 다다르고 보니 선배님들의 부추김과 토닥임에 문학 세포가 늘어갔던 것을 추억해 보게 된다. 토닥임, 부추김은 영원 속에서도 연한 잎새가 흔들리지 않고 푸른 잎새로 성장하게 해주던 의지목이 아니었던가. 나이 든 문인이라면 잊히지 않는 노래처럼 오래 기억될 내 작품이 있을까 하는 회의도 들 것이다.

그때 노래 가사를 적어달라고 하셨던 고 조경희 회장님. 회장님께서 몇 해 동안이나 세미나 끝나고 돌아오는 버스 안에서 회원들에게 떼창으로 〈옛 시인의 노래〉를 부르게 하셨던 것을 잊을 수가 없다.

[2023. 11.]

한국수필 속의 기행 수필

— 조경희의 여행기 《가깝고 먼 세계》를 중심으로

1

한국현대수필의 흐름 속에는 삶의 체험을 바탕으로 쓴 감성 수필·지성 수필·기행문·기행 수필들의 가닥들을 만나게 된다. 한국현대수필이 본격적으로 시작되었던 1930년대 이전부터 조국의 자연을 재발견하거나 외국 여행의 감상을 쓴 기행문이 당시는 소설가나 시인 평론가들에게 유행하였다.

이광수의 〈금강산 기행〉, 이태준의 〈소련기행〉, 우리나라의 경승지, 유적지를 심방한 최남선의 기행 문집 〈심춘순례〉(1962년)와 〈백두산 근참기〉, 〈금강예찬〉 그리고 한용운의 〈명사십리〉, 현진건의 〈불국사 기행〉, 정비석의 〈산정무한〉, 이병기의 〈낙화암 가는 길에〉, 이은상의 〈5월의 낙화암〉(1914년), 〈피어린 육백 리〉 등 문인들의 기행문 등도 한국수필 문학의 역사 속에 숨 쉬고 있음을 간과할 수 없다.

1962년엔 여행작가 김찬삼(金燦三, 1926~2003) 씨가 해외여행이 거의 불가능했던 1958년부터 1961년까지의 세계여행 체험을 담은 《김찬삼 세계여행기》 출간으로 대중의 관심을 높였다. 그리고 이어서 언론계와 문화예술계에 종사하던 수필가들의 기행 문집 출간이 화제가 되었다. 먼저 월당 조경희(月堂 趙敬姬, 1918~2006) 선생이 1963년에 출간한 여행기 《가깝고도 먼 세계》(신태양사 1963)를 꼽을 수 있다. 같은 해에 한국 채색화에서 독자적인 화풍을 이룬 화가이자 수필가 천경자(千鏡子, 1924~2015) 선생의 《천경자 남태평양에 가다》(서문당 1971)가 나와 인기를 끌었다. 그리고 다른 수필가들의 수필집에서도 여행 체험을 통해 가치와 의미를 찾아내는 내용의 기행문들이 눈에 띈다. 제재 범위의 폭이 넓고, 형식이나 내용에서도 별다른 제약을 받지 않은 여행기들이다. 또한 방송인이며 수필가 유사 이경희(唯史 李京姬 1932~2024) 선생이 만물박사적인 소양을 바탕으로 한 흥미로운 남미 여행기 《남미의 기억들》(서문당 1977)을 출간하였다. 해외여행 자유화가 이루어지기 전이어서 해외 선진국, 비교적 알려지지 않은 나라와 가보기 어려운 오지 등을 찾아 호기심을 해결해 주고 간접 체험케 해주었다.

언론계와 문화예술계에 종사하던 수필가들의 기행문은 폭넓은 제재로 흥미로운 화제의 작품들을 남겼다. 여행가의 여행기보다도 인문학적, 정치·경제와 문화 예술적인 내용과 현장의 역사적 인물의 흔적까지도 담아서 식자층의 관심을 모았다.

2

"나는 타고난 미지에 대한 호기심과 무엇에든지 현장에 가서 확인하고 싶어 하는 신문기자 기질을 앞세우고 살았다. 호기심과 현장 확인 정신을 채워주는 행운은 1962년 미국 국무성 초청으로 4개월 동안 미국 전국을 돌아보면서 명사들과 인터뷰하고, 그 뒤 2개월간 유럽을 여행한 데서 시작되었다."라고 한 월당의 첫 여행기 《가깝고 먼 세계》에는 미국 여행 후, 영국·프랑스를 돌아보고, 파리에서 낱낱이 유명한 화랑을 순방하면서 현대 세계 화가들의 그림 보기에 힘쓴 결과로 미국 편 42, 유럽 편 22 등 총 64편의 글이 실려 있다.

미국의 국무성과 백악관·국회기념관·신문사·대학교·박물관·경제기구 등 외에도 자연 관광지를 둘러보고 신선한 감수성으로 쓴 여행기와 유명인사 등을 인터뷰하거나 방문한 견문기, 문명비평적인 인상기를 비롯한 기행문 등으로 형식은 매우 자유롭다. 과장된 내용이 없이 사실의 기록이지만 경이롭고 흥미로운 내용이어서 흡인력이 있다.

유럽 편에서는 〈루브르박물관과 현대미술관〉 등 제목이 시사하듯 미술관 등 미술 평론가적, 미술사적인 글이 눈길을 끈다.

어떤 국제회의에 있어서든지 회의의 테마가 뚜렷이 있듯, 월드 페어에도 그 명백한 성격과 테마가 있어야 하는 것이다. 테마와 아이디어외 디스플레이의 기술이 절대적인 것임을 알았다. 아이디어와 테마가 없는 전시란 하나의 죽은 생명을 연상할 수밖에 없는 것이다.
- 〈21세기의 박람회와 불고기 정식〉 중에서

예리한 통찰력과 분석으로 솔직하면서도 명확한 문장으로 기지를 발휘한 글이다. 유럽 편에서 그림 좋아하고 문화 예술 쪽에 박학다식한 그의 안목에 감탄하지 않을 수 없다. 미켈란젤로의 〈다비드상〉만 보더라도 문화 예술에 대한 애호와 해박한 지식, 그리고 심미안으로 현장의 분위기 묘사와 함께 문화 비평적인 경지에까지 데려다준다. 학예부 기자로서의 소양과 타고난 예술적인 안목이 읽는 이의 수준까지 높여줄 듯하다.

1978년에 출간한 수필집 《면역의 원리》에는 일반 수필 이외에 기행수필 〈명화의 고장을 찾아서〉〈영국기행〉〈프랑스기행〉 외 5개국의 기행문이 들어 있다. 2편을 제외하곤 신작이 아니고 《가깝고 먼 세계》에 수록된 작품들을 나라별로 모으고 외래어 표기도 고쳐 편집한 것이다. 신작이 아니더라도 시대에 뒤떨어지지 않는 특별한 기행문이었기에 재수록했으리라. 1988년에 출간한 《웃음이 어울리는 시대》에도 〈명화의 고장을 찾아서〉를 다시 수록했고, 신작으로 최초의 미국 작가인 어빙의 집 〈서나 사이드(부제 : 워싱턴 어빙 집을 찾아보고)〉가 실려 있다. 〈명화의 고장을 찾아서〉는 작가가 무척 아끼는 작품인 것 같다. 그중의 일부인 〈바르비종의 만종소리〉는 한국기행 수필의 수작이라고 생각한다.

월당은 화가들과 친교하고 여성 화가들과 지방 전시회에 동행하는 일도 잦았다. 그의 미술 기행과 기행 수필은 1994년 발행의 수필집 《낙엽의 침묵》에도 국내, 해외기행문 등 10편이 있고 마지막 수필집 《조경희 수필집》에 있는 〈바르비종의 만종소리〉를 제외한 신작 기행 수필 10편에 주목하게 된다.

1972년도에 출간된 《천경자 남태평양에 가다》는 타히티를 비롯한 아프리카를 여행하며 본 화가 특유의 그림이 곁들여진 기행문으로 그림과 함께 글도 인기를 끌었다.

　　비행기를 타고 돌면서 시차 변경증을 받을 때와 특히 북극 상공에서 백야의 빙산을 내려다보고야 비로소 지구는 둥글고 또한 돌고 있다는 걸 확인한 순간 나는 나의 어린 시절을 회상해 보았다. 그때 별하늘을 보고 서커스의 천막을 연상하며 그걸 걷어보려 했던 맹랑한 생각을. 그런 궁금증을 풀어본 듯한 느낌이 들었었다. 그러나 요즈음 나는 이런저런 생각 때문에 날갯죽지가 달린 한 마리의 새가 되고 싶어진다. 날개를 펴 하늘을 훨훨 날고 싶다.

-《천경자 남태평양에 가다》 서문

　남태평양 토속적이고 원색적인 풍물과 다감한 정서의 표출로 이국 풍미가 물씬하다.

　이경희 선생은 1972년에 두 번째 수필집 《뜰이 보이는 창》과 1977년에 기행문집 《남미의 기억들》을 펴내고 대학재학 중 KBS의 '스무고개'와 '재치문답'의 고정 패널로 출연하여 재치를 발휘했다. 그리고 UN이 주최한 국제여성회 등에 참가, 국제 활동과 세계여행으로 특유의 기행 장르를 완성했다. 《남미의 기억들》 이후에도 1994년부터 12년간 월간《춤》지에 '세계의 기행 수필'을 연재하였고 2008년에는 《李京姬 기행수필》을 출간했다. 수필집 《뜰이 보이는 창》에 실린 기행문에 대해 미당 서정주(未堂 徐廷柱) 선생은 서평(경향신문 1972.11.)에서 "그네의 구미 각국 순례의 여행기들엔, 우리나라의 여류 문인 아니고선 느낄 수 없을 여러 가지 미묘 섬세한 감각이 삼출(滲出)되어 있어 한 매력을 이루고 있다."라고 극찬한 바 있다.

월당 선생 초기의 기행문이 기자들이 쓰는 보고문에 가깝다면, 천경자 선생의 《천경자 남태평양에 가다》는 화가의 미술 기행이고, 유사 선생은 개인의 입장에서 ○씨에게 보내는 서간체로 자유로운 감성이 매력이다.

3

구인환(丘仁煥 1929~2019) 교수는 《현대수필을 찾아서》(한샘 1993)에서 "기행 수필은 여행의 동기가 뚜렷해야 하고, 여정(旅程)이 눈에 보이듯 분명히 나타나야 하며 견문이나 소감이 알맞게 나타나야 한다."라고 했다. 월당 여행기 《가깝고 먼 세계》와 유사의 《李京姫 기행 수필》은 그 동기가 뚜렷하고 가는 곳, 만나는 시간마다 현장 묘사, 예술적 전문가의 면모 등을 예리한 시선과 통찰력으로 눈에 보이듯 엮었다. 견문, 소감까지 알맞게 다뤄 문화, 생활풍습 등을 이해할 수 있다.

모든 대상은 안목과 견해에 따라 평가 기준이 달라진다. 객관적인 시선이면서 흥미롭고 성실한 표현으로 뛰어난 정보성과 함께 빨려들게 하는 장점이 있다. 독자들이 현장에 가서 보고 들은 듯 무언가 깨닫게 하고 매료되게 하는 것이 강점이다.

천경자 선생은 기행 문집 한 권으로 끝냈지만, 월당과 유사 두 분은 기행 수필의 발전을 의도하고 쓴 것은 아니라 해도 해외여행이 자유화되면서, 뒤늦게 알게 된 이야기를 마치 새로운 발견처럼 다루고 자가

도취적인 기행문을 쓰는 이들에게 경종이 되어 줄 수 있을 것이다. 문학평론가 이유식 씨는 이렇게 말하고 있다.

> 기행문이란 여행에서 보고 듣고 느낀 것을 쓴 글로써 말하자면 사실을 위주로 한 기록성의 견문기이다. 그러나 기행 수필은 이런 기록성에만 끝나지 않는다. 기록성의 자료(소재)를 바탕으로 하여 정서적 여과나 지적 여과를 거친 다음 문학성의 창출에 그 목표를 두어야 한다. … 기행 수필이 단순한 기행문이 아닌 소재의 새로운 발견이나 아니면 보는 관점에서 남다른 새로움의 발견도 있어야 한다. 그다음 과정이 곧 문학성의 획득이요 창출이다.
> – 〈기행문과 기행 수필의 차별성과 변별성〉에서 발췌

여행기 《가깝고 먼 세계》와 《남미의 기억들》은 일반인들에게 해외여행이 허용되지 않은 시절의 여행기여서 미지의 나라 정치·경제·문화·풍물에 관한 정보만으로도 감명을 줄 수 있다. 그러나 편편이 지닌 문학성을 얻은 수필도 포함되어 있어 주목할 만하다.

월당은 1990년대 이후의 기행문들은 단순한 기행문이 아닌 기행 수필로의 발전이 뚜렷하다. 기록성의 자료와 견문을 바탕으로 주제를 정하고 정서적 여과, 지적 여과를 거친 다음 문학성의 창출에 목표를 두고 있는 점이 발견된다. 강화의 유래와 사실(史實)로 역사의식을 높이는 〈강화 이야기〉, 세계여행의 결과로 역사의식을 고취하는 논설문 같은 〈잊을 수 없는 아픔을 묵상한다〉, 잉카제국의 멸망에 비해 우리네

의병 정신을 기린 〈높은 의병 정신〉 등이 이에 해당된다. 단편적인 일화이지만, 월당이 돈황 여행을 앞두고 일본 작가 이노우에 야스시(井上 靖)의 《돈황》을 정독하고 그 작품을 영화화한 것까지 보며 준비하시던 열정을 보았다. 그런 철저한 여행 준비 후 돈황에 다녀와서 작품 〈돈황을 가다〉를 집필하신 철저함이라니.

무엇보다도 미술관 순례기와 명화의 고향을 찾은 〈바르비종의 만종소리〉, 〈루브르박물관과 현대미술관〉 등을 비롯한 미술평론가적인 식견과 사랑이 낳은 기행 수필 등은 높이 평가되어야 할 것이다.

미국 방문 시에 월당 선생은 40대 중반의 중견 언론인으로 예술적 안목과 인문학적 깊이를 갖추었다. 활력 있는 연배에 그 시대에 아무도 누릴 수 없는 국무성 초청으로 국빈 대우받으면서 여유 있게 취재할 수 있는 강점이 있었다. 그러나 일반인에게 그런 기회가 주어졌다 해도 월당 선생의 지성과 열정은 따를 수 없었을 것이다.

월당과 유사의 기행 수필은 지식과 정보, 교양은 물론 세계를 향한 창문을 열어주었다. 월당의 80년대와 90년대 수필집에 이르기까지 단순한 기행문이 아니고 발전한 기행 수필과, 유사의 기행 수필에 대한 끊임없는 열정은 현대한국수필의 기행문, 기행 수필의 뚜렷한 위치를 가능하게 해주었다.

세계여행 자유화도 오래전(1991년) 일이고, 인터넷으로 안방에서 세계 어디라도 검색해 볼 수 있다. 그러나 장 자크 루소가 《에밀》에서 말한 여행의 의미를 생각해 본다.

여행은 한갓 놀러 다니는 일이 아니다. 지식과 지혜를 찾아다니는 길이기도 하다. 따라서 여행의 방법을 생각하고 새로운 것을 관찰하기 위한 마음의 준비와 방법이 필요하다. 자기가 알고 싶은 대상 쪽으로 시선을 두지 않으면 세상에서는 독서 못지않은 더 많은 것들을 여행을 통해 배울 수 있다. 독서는 저자에 의해 그 정신의 이끌림을 받지만 여행에 있어서는 자기 스스로 볼 힘을 갖춰야만 보다 큰 소득을 얻게 된다.

- 《에밀》에서 발췌

기행 수필은 현장을 찾아가는 여행이기에 생동감을 줄 것이다. 그러나 알려진 견문을 뛰어넘는 문학적인 형상화, 창조가 있어야 한다. 문화센터나 평생교육원에서 '여행작가반'을 개설한 곳도 있다. 우리는 현장 사실의 소개만이 아닌 문학적인 기행 수필의 가능성을 월당, 유사의 기행 수필에서 확인할 수 있어서 다행이다. 두 분은 무엇보다도 예술 문화의 양식이 풍부하고 지식과 문화적 소양을 쌓은 분들이었기에 가능했다고 본다. 안이한 발상으로 여행지에서의 경이로움이나 발견의 기쁨으로 엮는 기행문은 외면당한 지 오래다. 문학적인 감동을 주는 기행 수필은 미래 한국수필에서도 큰 비중을 차지할 것이라고 믿는다.

[2015.]

현대판 신사임당
― 고임순(高琳順) 선생님

　수필가, 서예가인 고임순 선생님은 1932년 5월 전주에서 시·서·화를 즐기던 부친 고경선(高京善)과 모친 송려석(宋麗石)의 장녀로 태어났다. 아호는 진안(珍岸), 예온이다.

　1945년 3월, 광복 이전 공주여자사범학교에 입학하여 일제의 근로 봉사에 시달리다가 8·15광복으로 고향의 전주여자중학교에 편입, 졸업(6년)하였다. 1951년 전시연합대학에 입학했으나, 이듬해 서울 환도로 전북대학교 문리대 국문과에 편입하여 졸업 후, 1955년에 이화여자대학교 대학원 국문과에 입학하였다. 대학원 재학 중(1957년)에 문화춘추사 한구영(韓龜永) 대표와 결혼하고 1958년에 석사학위 받은 뒤 주부로 전념, 장녀 혜경 씨와 두 아들의 육아에 힘썼다.

　그러나 선생님은 문학에의 꿈으로 1967년 여성지 『여상』의 육아일기 공모에서 장원을 하고, 『여원』에서는 〈아늑한 요람의 앨범〉으로 우수상을 받아 여고생 때 시인 지망에서 수필로 전향했다. 1975년부터 서울여자대학, 이화대학, 협성대 등에 출강, 문학 강의를 했다.

　수필은 『월간문학』(1976년)에 〈난초를 가꾸는 마음〉 발표로 등단하고 1979년 『현대문학』, 『수필문학』, 『노산문학』 등에 수필을 발표했다. 문인이 된 것은 문학도인 고정기(高廷基 『여원』 편집인) 소장의 세계문학 전집을 애독하며 쓴 습작 시를 첨삭해 준 오빠의 영향이 컸다. 그리고 대학 시절 부친의 절친인 가람 이병기(李秉岐) 교수 지도 아래 고전문학을 연구하면서 최승범(崔勝範) 시인과 함께 '가람동인'(신석정, 김해강, 박양촌 시인 외 9명)으로 시작(詩作) 활동을 하였다.

한편 전주시 교육위원인 부친께서 붓글씨를 쓰실 때 묵향이 젖어서 서예가가 되려고 어려서부터 전주의 명인에게 사사하였다. 서울에 와서는 해정 박태준(朴泰俊)에게서 행서와 초서, 일중 김충현(金忠顯)에게서 예서와 한글 고체를 배우고, 한국화와 사군자도 화가 김응섭과 홍상문에게 사사하였다. 대한민국미술대전 서예 부문에 1982년부터 6회나 입선을 하면서 인사동에 '양덕연묵회'를 열어 서예를 지도하였다. 서화 개인전 15회, 동인전 20회, 국제전에 10여 회나 출품하는 등 맹활약의 주인공으로 '한국서예문인화' 초대작가로 매년 '일본서전'에 출품, 일본 미술신문사상을 받기도 했다.

대학의 문학 강사, 서예가, 수필가로 바쁘게 지내면서도 '우리문학 기림회'(문학전공의 교수들로 구성) 회원으로 문학 연구 외에 작가의 생가에 문학비를 세웠는데, 박화성, 김팔봉을 위시하여 우리 수필문우회의 허세욱 교수 등 20여 분의 문학비 비문 쓰는 일에 참여하였다. 수필문우회에는 창립(1981년)되던 이듬해(1982년)에 운영위원, 감사로 선정되어 활동하셨다.

현대의 '신사임당'이신 고임순 선생님의 문학세계는 평론가 몇 분의 평론 발췌와 촌평으로 이해를 돕고 싶다.

고임순의 글은 세 개의 채널을 가지고 있다. 인간에 대한 한없는 애정, 물질문명의 팽배로 인한 일종의 소외의식, 고향에 대한 애착이다.

- 윤재천(《여류수필작가론》세손 1998)

고임순은 일상성에 안주하거나 타협하지 않는다.… 그 낯익었던 친숙함이 어느 날 문득 흔들렸을 때, 그때 친숙함은 낯선 것으로 돌변하게 되지만 그러나 그 흔들림으로 인해서 생긴 낯설음이 세계며 사물 그리고 인생이 작가 속에서 그리고 독자들 앞에서 거듭나게 되는 결정적인 단서가 되는 점, 여기서 우리들은 고임순 수필 정신의 최절정에 다다르게 되는 것이다.

- 김열규(한국현대수필작가 대표작선집 《하얀 저고리》 중 <고임순의 수필세계> 중에서. 교음사 1999)

그의 글은 삶의 기쁨을 이야기하든 슬픔을 이야기하든, 그것은 모두 사랑이라고 하는 주제에 의하여 통일되어 있다. 그의 글은 인생관을 이루는 기저의 하나가 곧 사랑이 아닌가 한다.
- 정진권(《현대수필문학상 수상작가 대표작선》 을유문화사 2000)

이런 작품은 삭막한 도시 문명 속에서 지치고 상처받은 가슴을 달래주는 위로와 치유의 기능을 지닌다. …비록 작품 세계는 상상적 모천 회귀라 하더라도 우리들의 영혼은 충분히 위로받을 수 있는 자리다. …이처럼 아름다운 상상력과 섬세한 감각의 촉수로 더듬어나간 《골목길》은 서정시를 잃어버린 현대문명의 치부와 그 폭력의 야만성을 여지없이 두드려 패주는 날카로운 비판 정신의 결과이기도 하다. 한국수필 문학의 아름다움을 확인하게 된다.

- 김우종(《한국현대수필100년》 중 고임순의 <골목길> 연암서가 2014)

첫 수필집 《이 작은 불빛으로 내 生의 아침을》(학예사 1980)을 비롯, 《낮은 목소리로 오소서》(문지사 1984), 《이 작은 행복》(백문사 1988), 《사랑, 그 찬란한 생명의 무늬》(문지사 1992), 《가슴으로 깊어지는 강》(신아출판사 1996), 《약손》(세손 2001), 《내 안의 파랑새》(세손 2006), 《자작나무》(예온 2008), 《묵향 속에서》(예온 2009), 《구름유희》(예온 2012), 《비움 그리고 채우기》(선우미디어 2014), 《메아리》(신아출판사 2016) 등 저서가 있고, 선집으로 《하얀 저고리》(교음사 1999), 《아 섬이 보인다》(신아출판사 2002), 《가오리연》(좋은수필사 2007), 《골목길》(선우명수필선 2015) 등이 있다.

제9회 현대수필문학상 수상(1991), 한국수필문학 대상(1996), 한국문학상(한국문인) 등을 수상하셨고, 대학교수인 장녀와 변호사인 장남, 대학교수인 차남을 두셨다.

[2022. 3.]

수월 숲의 방풍림처럼
−고동주 선생님 추모

　방송위원회 심의위원 때 통영에서 심포지엄이 있었다. 일과가 끝나고 우리 일행은 통영시장의 초대에 갔는데 감기 기운으로 불참하고 숙소에 있던 내게 다녀온 룸메이트가 얘기 보따리를 쏟아 놓았다. 메모지까지 들여다보며, 민선시장으로 재선된 시장님은 통영을 국제적인 관광지구로 개발하고 한려수도조망케이블카 설치 사업 추진, 시내 간선도로 4차선 확장, 대전통영간고속도로 건설 등 많은 업적을 세우고, 문화적인 사업도 추진하여 통영국제음악제 제정, 청마문학관 건립 등 멋진 행정가라며 칭송했다. 통영 시민들의 애로사항 해결과 삶의 질을 높이기 위한 홍보를 위해 우리를 초청한 것이라는 말도 곁들었다. 이어서 "참 유명한 수필가래."라면서 선물로 받아온 멸치 박스를 건넸다.
　멋진 분을 만난 것이 자랑스러워 신나게 설명하는 룸메이트에게, 나도 그분을 잘 안다고 실토는 못 했으나 내심 탁월한 능력의 행정가, 수필가로서 다른 분야의 사람들에게 좋게 알려지는 게 기분이 좋았다.
　그보다 몇 년 전, 고 시장님이 한국수필작가회원들을 초청하여 관광을 시켜주고 "수필의 시작은 인상적인 것, 남들이 안 하는 것 신선한 소재로 퇴고는 많이 할수록 좋다. 좋은 수필을 쓰려면 마음에 드는 좋은 수필을 반복해서 읽어야 하며 많이 읽을수록 수필의 맛을 좀 더 진하게 느낄 수 있다."라고 특강에서 강조하며 좋은 수필 쓰기를 독려했다고 한다. 그리고 통영 특산물인 진주를 선물 받았다는 것이 얼마나 부럽던지.

통영 시민을 사랑하여 봉사했던 고 시장은 두 번의 임기를 마친 후엔 수필 사랑에 힘을 쏟았다. 경남신문 신춘문예와 『한국수필』로 등단하여 감동을 주는 작품을 많이 썼는데 그 문명으로 통영의 창신대학에서 수필 창작을 지도하고 부학장으로 재직하면서 학생들뿐만 아니라 수필가 양성을 하며 바쁘게 사셨다. 조경희 회장님께서도 생전에 든든하게 여겨 무슨 일이 있을 때면 의논하셨던 고 시장님이었다.

서울에는 한국수필가협회 총회 때나 세미나, 작품상 심사 때 뵐 수 있었다. 조경희 회장님이 돌아가신 후 이철호 이사장 재임 시에도 선생님과 나는 부회장으로서 함께 임원 회의에 참석하곤 했다.

회의 참석 후 통영행 고속버스 시간을 기다리느라 근처 커피숍에서 협회의 개선과 발전을 위한 의견을 나눈 일이 있었다. 열악한 협회의 경제 사정에 도움 줄 만한 독지가 동원이 어려워진 현실에 안타까워했고, 수필가들의 질적 향상과 수필 문학의 위상, 협회가 나가야 할 방향에 대해서 진지하고 구체적인 의견들을 많이 제시하셨다.

몇 년 후(2007년), 한국수필가협회 이사장의 유고로 생각지 않은 이사장의 책임을 맡았던 내게 부이사장으로서 유감없이 도와주셨던 일을 잊을 수 없다. 이후 정목일 이사장 때까지 부이사장으로서의 책임감으로 협회를 도우셨다.

　나는 이사장직을 떠난 뒤, 작품상 심사로 상경하신 고 부이사장님께 협회가 이단(異端)으로 알려진 K목사에게서 소액의 도움을 받는 문제에 대해 의견을 나눈 일이 있다. 기독교의 장로님이던 고 부이사장님과 나는 이사장에게 절대로 이단인 인물을 협회 일에 참여시키지 말 것을 설득, 간청한 일이 있었다. 그렇지 않아도 수필인들이 다른 장르의 문인들에 비해 폄훼되는 것을 안타깝게 생각하던 처지에, 기독교계의 이단자의 도움을 받는 수필가협회로 인식되는 것을 막겠다는 뜻이었다.

　자신이 가난하고 외롭게 성장했기에 어려운 사람을 돕는 일에 적극적이었고, 수필 쓰는 이들의 어려움과 고통을 덜어주고 막아주기에 헌신적이었던 고 시장님의 노력과 배려를 생각하면 바다에서 불어오는 바람으로 인해 피해 입는 것을 막으려고 심어놓은 방풍림이 생각난다. 통영에는 천 년 전 태풍으로부터 농작물을 보호하기 위해 느티나무와 팽나무 등을 심은 아름다운 수월마을 방풍림 숲이 있다고 한다. 수필인들은 그동안 문단에서 버팀목이었고, 고달픔에도 방풍림이 되어 주었던 고 시장님의 부재가 날이 갈수록 아쉬워질 것이다.

　코로나 팬데믹이 종식되면 방풍림이 있는 풍광 좋은 수월 숲에 한번 가보고 싶었던 나는, 기꺼이 안내해 주실 고 시장님이 계시지 않은 통영행은 접어야 할 것 같다.

　고 시장님, 부디 아름다운 천국에서 안식 누리십시오.

[2023.]

감성과 이성을 겸비한 교장선생님처럼

―청하 성기조(靑荷 成耆兆) 회장님

　청하 선생님께서 2001년 국제펜 한국본부 회장(31대)이 되셨을 때 펜의 심의위원이었던 나는 첫 번 회의에 참석했었다. 사무실에 취임 축전이 많은 가운데 당시 '심대평 충남지사'가 보낸 "성 회장께서 충남사람으로 처음 문단 대표가 되어서 축하한다."라는 내용의 전보가 반갑다고 하셨다.
　심대평 지사의 선친 심재갑 교장선생님은 6·25전쟁이 일어나기까지 내가 다닌 강경중앙초등학교 교장선생님이셨다. 심 교장님의 아들로 나보다 한 학년 후배인 심대평 지사. 전쟁으로 피난 갔다가 9·28수복 후 학교에 가보니 교실이 다 불타버렸는데 얼마 후 교장선생님께서도 전근 가셔서 무척 섭섭했었다. 대부분의 학년이 운동장 수업을 했는데 우리 학년은 건너편 여학교의 교실을 빌려 공부할 수 있어 다행이었다. 수업이 끝나고 여중 교실을 기웃거리다가 발길을 돌려 집에 오노라면 뒤에서 들려오던 여중생들이 부르는 〈아, 목동아〉나 〈즐거운 나의 집〉 등 외국 민요의 떼창 소리가 좋았다. 나도 어서 멋진 중학생이 되었으면 하고 희구했었던 생각이 심 지사 얘기를 들으며 불쑥 떠올랐다.

옛 생각도 났고 지역은 좀 다르지만 청하 선생님께서 충남 출신이라는 것만으로도 내 마음엔 의지가 되었고 든든했다. 그날 회의가 끝나고 누구 제안이었는지 노래방에 가게 되었다. 후일 청하 선생님의 뒤를 이어 회장이 된 L시인, M시인, S소설가와 여성회원 두 명과 함께였다. 먼저 L시인, M시인, S소설가가 우리 가곡과 이탈리아 가곡을 멋지게 열창하여 "문인으로 등단하려면 노래도 잘해야 하나요?" 하고 나는 몇 번이나 물어야 했다. 더욱 놀라웠던 것은 청하 선생님의 가창력이었다. '오 대니 보이 더 파이프스 더 파이프스 아 코올링 ~' 나지막하게 원어로 시작하여 고음 부분에 가서는 확 쏟아지는 목소리로 열창하여 모두를 놀라게 했다. 몇 번의 앙코르에도 막힘없이 가요와 외국 가곡까지 여러 곡을 불러 주셨다. 언젠가 수필 쓰는 후배가 선생님 멋진 외모가 미국 배우 빅터 마추어(영화《삼손과 데릴라》주연) 같다고 해서 그렇다고 했는데 그날의 청하 선생님은 세계 3대 테너 중 호세 카레라스와 비슷한 음색의 소유자라는 생각이 들어 우리 일행은 입을 다물 수가 없었다.

그날 낮에는 신입회원 심사회의 외에도 새로 들어설 정부에 건의할 문인들의 복지사업 안을 만들어 보여주셨다. 주옥같은 시와 수필을 쓰는 문인, 청하 선생님이 의장으로 의사봉을 쥐고 일사불란한 회의 진행을 하면 건의 사항이나 난제 등이 해결되는 걸로 알려진 터였다. 그 복지 문제도 거의 완벽하게 만들었지만 지지했던 분이 대선에서 낙선되어 실천되지 못한 것이 안타깝기만 하다.

청하 선생님께선 문단의 이름 높은 문학상과 훈장, 공로상도 많이 받으셨지만 예총에서 10개 단체를 대표하여 해마다 '예술인 큰 스승'을 선출하는데 2009년엔 청하 선생님이 뽑혔다. 철근만 박아놓고 10여 년 동안 방치되었던 목동 예총회관의 골치 아픈 문제를 해결한 공로였다고 한다. 어렸을 때 심재갑 교장선생님도 여러 학교의 재건 문제를 해결하여 충남에선 잘 알려진 명 교장님이셨다.

수필에 종사하는 나로서는 수필전문지『수필시대』의 창간(2005년)에 대하여 각별히 고맙게 생각해 오고 있다. 시인으로 출발하여 수필집도 다수 내셨지만, "그동안 수필작법이 일반 서술문 정도였던 것에서 탈피, 아름답지만 맛깔스럽고 철학이 있는 수필이 되도록 수필작법의 선도적 역할에도 앞장섰다."라며 수필 잡지를 창간하고 세미나와 강의로 후진들을 일깨워주는 등 수필 문학의 발전에도 힘써주셨음을 잊을 수가 없다.

입원하시기까지 서류와 책 보따리를 몸소 들고 다니며 서류를 작성하고 교정쇄의 교정을 보며 강단에도 서셨던 선생님의 그 부지런함을 누가 감히 따르겠습니까. 지금은 손이 좀 허전하지 않으신가요.

실제로 강의실에서 교재를 들고 선생님에게서 말씀을 듣고 필기하며 배운 일은 없지만, 내겐 늘 스승님이셨습니다. 멋진 교장선생님이셨습니다. 선생님의 글 속에서 사서삼경(四書三經)과 불교경전, 성경, 동서양의 지혜를 얻고 문학예술의 오묘한 경지에서 노닐게 해주신 스승이십니다. 하늘에서 복락을 누리세요.

[2025.]

이경희 수필가의 작품 경향과 〈대춘부〉 소고

 1970년대 우리 수필계에선 프랑스 알베레스(Albérès R.M. 1921~1982) 교수의 '수필 그 자체는 지성을 바탕으로 한 정서적, 신비적 이미지로 된 것'[1]이란 말이 수필의 정의를 대신했다. 따라서 지성이 바탕인 정서로 표현의 묘미를 살려 문학적인 감흥을 주는 짧은 글이 당시의 수필이었다. 70년대 초반까지 우리 수필의 필자는 타 장르의 문학인, 내외문학전공의 교수와 교육자, 예술인, 언론인들 이른바 유명 인사들이었다.

 대학재학 중(서울대 약학대학) 방송프로그램의 인기 패널로 활동한 이경희(李京姬, 1932~2024) 선생도 졸업 후 여성 지도자로서 32세(1966년)에 '제1회 여성지위향상 UN세미나(마닐라)'에 참석한 것을 비롯, 국제대표로 활동하는 여성 인사로 각종 신문 잡지에 글을 자주 쓰셨다.

 수필가가 된 것은 38세 때, 첫 수필집《산귀래(山歸來)》(석암사 1970)

---

[1] Albérès, R.M. 이진구·박이문 공역《20세기의 문학의 총결산》신앙사 1960.

의 출간으로 문단에 들어섰다. 수필집 외에도 영자신문 『코리아 헤럴드』에 칼럼(주 1회), 《Giant of A Man He Was》(1972~1975)를 연재하며 첫 수필집 출간 2년 만에 《뜰이 보이는 창》(석암사 1972)을 출간했고, 다음 해에 세 번째 수필집 《현이의 연극》(현암사 1973)을 낼 만큼 다작의 수필가였다.

1970년의 첫 수필집 《산귀래》는 "크게 무슨 계획이 있었던 것도 아니었다. 다만 '누군가에게 공감을 주는 글을 써야겠다.'라는 그런 오기로 시작한 것인데 막상 쓰고 보니 글쓰기가 얼마나 힘들다는 것을 알았고 또 나의 생각과 표현이 이렇게 차이를 갖는다는 것도 알았다."라는 〈후기 후보기 1〉2)의 언급과, 『한국수필』과의 인터뷰에서 "당시 많은 일을 하면서 사람들을 만나고 했지만 아무리 일을 해도 나를 충족시키는 느낌이 없었어요. 책에도 '크게 허망함을 느꼈다'라고 썼지만 나를 만족시키는 일이 무엇인가, 그동안 나는 어떻게 살아왔을까 그런 생각이 문득 들었어요. 그런 중에 신문사와 잡지사에서 글 청탁이 많이 오더군요. 본격적으로 문단 데뷔를 위해 글을 쓴 것은 아니에요. … 글을 쓰는 일이 나에게 제일 보람을 느끼게 한다는 것을 알았습니다."3)는 데뷔 때의 소감도 있다.

첫 수필집 《산귀래》는 삽화도 직접 그린 수필집으로 문화계에서 호평과 주목을 받았다. '사금채취의 명수'(정비석, 《서울경제신문》)를 비롯한 평들이 신문에 실렸고, 황순원 소설가·김소운·피천득 수필가 등

---

2) 이경희 《창신동에서 지금 여기》 선우미디어 2019.
3) 「꼭두극의 선구자 이경희 수필가를 만나다」〈한국수필〉 2009. 8.

다수 문인의 편지를 받았다고 한다. 2년 후 제가 MBC 재직 시 졸저 첫 수필집을 박목월 선생님께 드렸을 때 "유○○씨도 이경희 씨 같은 스마트한 수필가가 되십시오." 하고 박 선생님의 저서 《문장론》 안 표지에 써서 주셨다.

두 번째 수필집 《뜰이 보이는 창》에 대해 문학평론가 김현은 이렇게 평했다.

…그 글들은 내가 볼 수 있었던 아름다운 수필들에 속한다. 여자 특유의 감수성과 직관력은 충분히 독자들을 글의 세계로 인도한다. …한 가정을 지키는 주부의 애정 어린 입김이 그녀가 묘사하고 있는 모든 대상과 인물들을 감싸고 있다. 거기에다가 서구라파의 어떤 국왕의 파티에, 초대장도 없이 돌입해 나간 것을 묘사한 글에서 볼 수 있듯이 우아한 대담성까지 보인다.
─ 〈글은 왜 쓰는가〉 이경희의 작품평 중에서

이경희 선생님은 기행 수필에서도 주목을 받았다. 해외여행이 어려웠던 1977년에 《남미의 기억들》(열화당)이란 기행 수필집을 출간하였고, 1994년부터 2008년까지 월간지 『춤』에 연재한 기행 수필과 1977년 출간한 기행 수필 중에서 선정한 《이경희 기행 수필》(열화당 2009)로 '제3회 조경희수필문학상' 수상자로 선정되었을 때 정목일 수필가는 심사평에서 "본격적인 기행 수필집으로 여러 형식의 산문을 두루 교배시켜 작가 나름의 분방한 상상력과 박람강기(博覽强記)한 백과사전적인 형태를 띠고 있다. … 여러 유형의 산문에 전혀 구애받지 않은 채 그냥 소재와 여행지의 분위기에 따라 자유자재로 혼용함으로써 기존의 기행수필체 수필의 틀을 깨는 독자적인 형식을 이룩하고 있으며 이번 기행수필집을 계기로 여러 형식의 산문이 대중화되기를 기대한다."라고 했다.

나는 글을 쓸 때에 누군가를 생각하면서 쓴다. 그런 것이 상(像)을 만들 때 훨씬 쉽기 때문이다. 예컨대 나의 사랑하는 딸이거나 남편이거나 친구거나 아니면 적이라도 가상하는 어떤 이름 있는 사람을 설정하고 쓰기도 한다. … 나의 수필은 외로울 때 쓴 편지들이다.
　　　　　　　－《외로울 땐 편지를》(선우명수필선 19) 머리말 중에서

이 말은 선생님의 글을 쓰는 동기며 수필작법이기도 하다. 선생님의 작품 중 가장 많이 알려진 것은 중학교 교과서에 실린 〈현이의 연극〉일 것이다. 〈현이의 연극〉은 '자기가 맡은 일이 보잘것없는 것일지라도 최선을 다해야 한다.'라는 주제를 담은 글로 세 번째 수필집 〈현이의 연극〉에 수록된 작품이다. 이 작품집은 한 여성으로서 주부로서, 그리고 어머니로서의 주변 생활이 안겨주는 토막 이야기들을 담담하게 표현함으로써 오히려 읽는 사람들에게 많은 것을 생각하게 해주는 글들이다.

세인의 관심을 모았던 저서 《白南準이야기》(열화당 2004 백남준에 관한 두 번째 수필집 《白南準, 나의 유치원친구》도 2011년 디자인하우스에서

출간, 여기서는 1권만 언급)도 특별한 작품이다. 세계적인 아티스트 백남준. 그가 1984년 고국을 떠나 35년 만에 돌아와 '하고 싶은 일 중 하나가 바로 유치원 친구 이경희를 만나는 것'이라는 보도에 이경희 작가가 화제의 대상이 되었다. 이 책에는 백남준 예술세계의 바탕을 해명하는 어린 시절 이야기를 담았다. 1부 〈돌아온 남준이〉, 2부 〈기억 속의 친구 남준이〉 등에는 어린 시절의 정겹고 푸근한 모습이 담겨있 다. 3부 〈'백남준의 예술' 그가 있는 곳을 찾아서〉는 저자의 백남준에 대한 애정, 그리고 자랑스러움에 기초하여 백남준의 예술세계를 좇아 가는 예술 기행의 성격을 띠고 있다. 여기에 예술 평론가가 아닌 수필 가로서의 저자의 세밀한 감상과 솔직한 느낌이 빼곡하게 담겨있고, 4 부 〈소생한 백남준과의 만남〉은 백남준이 뇌졸중으로 쓰러졌다가 일어 난 후의 이야기들로 그 후의 왕성한 창작활동과 전시회에 관한 내용이 다. 이외 영문수필집 《Back Alleys in Seoul》(1994)도 이 선생님의 주요 저서이다.

  오늘 함께 평을 나눌 〈대춘부〉는 네 번째 수필집 《봄 시장》(금연제 1977)에 수록된 작품이다. 김우종 평론가는 '깔끔한 문체와 서정적 수채화'4)라는 제목으로 평설을 붙였다.

   작자는 개나리, 진달래가 피기 직전의 계절적 풍경을 여기서 그려 나갔다. 낮닭이 우는 소리, 늘어진 버들가지, 아이들 걸음걸이, 그리고

---

4) 김우종 평설 《한국현대수필 100년》 연암서가, 2014.

달래김치, 봄나물, 연못 속의 잉어가 치솟다 떨어지는 소리, 밤에도 그치지 않는 빗소리 등이 모두 민화방창(萬化方暢)의 봄소식을 전하는 풍경들이다. 그래서 제목을 〈대춘부〉라고 했다.

그리고 '탁월한 문장력이 지니는 설득력은 세상을 바꿀 수도 있을 것이다.'라고 부연했다.

주변에서 소생하는 생물과 변화하는 자연의 모습을 경쾌하게 느끼며 봄을 기다리는 모습이 자연스럽다. 군더더기 없이 간결한 문장, 간단한 문단으로 주제를 향해 차분하게 이어가는 흐름이 좋다.

'아침 일찍 창문을 연다.'라는 문장으로 시작되는 문단은 봄에 한 걸음 가까이 다가가려는 마음의 표현이다. "굶은 새를 위하여 곡식을 던져 줘야겠다는 생각을 아직 실천에 옮겨보지 못한 채 창문을 닫으니 쫓기듯 사는 일만이 나의 인생인 것처럼 된 생활에서보다 사람다운 곳에 눈을 돌려야 할 것이기 때문이다."는 자기반성이다. '겨울이면 체념이란 것이 있어 집 속에 묻혀 있을 수 있겠으나 봄은 그렇게 나를 가만히 있게 하지 않는다.'라고 봄을 기다리는 마음이 좋은 일을 해야 한다는 희망적, 긍정적인 것임을 시사하고 있다.

'고양이의 얼룩 털에도 봄의 윤기가 보인다. 그는 이미 활동을 개시했나 보다.'라는, 바쁘게 활동하며 일상을 보내는 생활인으로서의 희망적인 봄의 활동에 동참하려는 자세이다. 처음부터 끝까지 봄을 기다리는 휴일의 감상을 생동감 있게 그려내고 있다. 멋진 감성 세계를 통해 자신의 존재를 형상화한 좋은 수필의 샘플을 보여준 작품이다.

이 선생님은 우리나라 기존의 가면극 연구자들도 하지 못한 꼭두극 국제기구 '유니마'에 우리나라를 가입(1980년)시키고, 꼭두극단 '어릿광대'를 만들어 국내외 공연과 1981년 계간 『꼭두극』 발행 등 한국본부 회장으로서의 열정을 쏟느라 한동안 수필가로서 활동하지 못함을 안타까워했다. 2000년대 초반부터 『한국수필』『에세이문학』『한국산문』에 수필을 기고하셨고, 『그린에세이』에 〈그땐 그랬어요〉를 연재(2014~2022)하면서 1960년대 자신과 얽힌 문화계의 비화, 일화를 사진과 함께 알려주었다. 뒤늦은 문단 활동에도 현대수필문학상(2001년)과 조경희수필문학상(2010년), 올해의 수필인상(2015년)을 수상하셨다.

　문화와 예술, 여성계에서 누구보다 뛰어난 창의력과 열정으로 역량을 발휘하여 여성들의 선망의 대상이었고, 수필가로서 지성을 바탕으로 뛰어난 직관력과 감성적인 작품을 남기신 역량에 감탄을 금할 수 없다.

[2025. 5.]

어느 열차를 타셨나요
– 정혜옥 선생님 추모

정혜옥 선생님 하면 진주 남강(晉州 南江)의 푸른 물과 대나무 숲이 먼저 떠오른다. 첫 수필집 《대숲에는 바람소리가》(세음사 1975)에서 읽게 된 선명한 이미지의 작품들 때문이다. 50년 전이어서 〈작은 꽃〉 〈색안경〉 〈배냇저고리〉 〈할아버지〉 등 몇몇 작품 제목만 생각나지만, 작품들에 그려진 산과 들, 강물 등의 아름다운 영상과 사물이 내는 소리, 무엇보다 생동적인 감성과 정서가 잊히지 않는다. 현장에 가보지 않았어도 너무도 실감 나고 섬세하게 묘사한 풍경이 그림처럼 살아 있었다.

우리가 어느 시대 어느 공간에 살든지 고향은 성장의 배경이 되어 영혼과 육체의 합일이 되어 독자에게 감동으로 다가오게 할 수 있는 가능성을 정 선생님의 빛나는 수필들에서 강력하게 느낄 수 있어서 축복이었다. 정 선생님의 90년 인생 중 진주에서 사신 건 여고 졸업까지로 햇수는 길지 않지만, 문학 인생, 예술 인생의 싹이 거기서 트고 이미 작은 열매들을 거두셨다. 교육자 아버지와 예술적 감성이 짙은 어머니의 맏딸로 성장한 정 선생님은 이미 진주여고 시절에 신문에 글이 실리고, 유서 깊은 '개천예술제'에서 시(詩)작품으로 장원을 차지하고 미술작품이 전시되는 등 예술적인 재능을 일찍이 인정받았다. 부산대학교 사범대에서 미술을 전공하고, 포항여중·고에서 미술 교사로 재직 중 결혼도 하고 이어서 다른 학교에서 10여 년간 미술 교사를 지내면서도 문학 동인 활동으로 문학 사랑을 계속했기에 우리 현대 수필사를 빛낸 수필가로 추대될 수 있을 것이다.

주로 시 분야에서 동인 활동을 하던 정 선생님은, 역시 교장선생님의 맏아들인 물리학전공의 남편(오명근)을 만나 맏며느리 노릇, 결혼 후 남편이 유학하여 박사학위를 얻고 영남대학교 명교수로 자리 잡기까지 현철한 내조자와 자녀들의 어머니, 미술 교사로서 일인다역을 하던 모범 여성이었다.

남편이 독일에서 유학하는 4년 동안 편지와 산문을 쓰면서 모은 수필로 첫 수필집《대숲에는 바람소리가》를 펴내어 여성 수필가가 귀하던 수필 문단에 별처럼 나타나셨다. 당시(1975년)에는 수필 인구가 많지 않아서 새 책이 출간되면 웬만한 이에겐 우송해 줘서 서로 책으로 알게 되던 사이였다. 문장이 좋고 감성과 관찰력이 뛰어난 수필가가 나오셨다고 선배 몇 분들이 기뻐하시는 것에 저도 동조하면서 당시 『수필문학』(발행인 김승우 김효자)에 게재된 아름다운 수필들을 자주 읽으며 친근감을 느끼게 되었다. 그리고 다정한 편지도 보내주셨다. 편지나 전화로 안부를 나누면서 무엇보다 심성이 아름다운 분으로 짐작되어 의지하고 싶었다. 1981년도에 범우사 사르비아 문고의 여성 수필가 8인의 수필 편집(《진달래와 흑인병사》)을 맡게 되어 정 선생님과 더 가까워졌던 것이 큰 행운이었다.

이듬해에 펴내신 수필집 《이 세상 한가운데에 서 있는 나무》(범우사 1982)는 내게 큰 충격을 주었다. 남편 유학이 끝날 무렵 함께 여행했던 이탈리아와 오스트리아 등에서 느낀 기행문들은 그 당시 해외여행도 어려웠지만 대부분 여행기 정도로 끝내던 기존의 기행 수필에 새 지평을 열어주었다. 나는 몇 번을 거듭 읽고 또 읽으며 나도 해외여행을 빨리하고 이런 글을 써야겠다고 다짐했다. 선생님 글에는 미치지는 못하지만, 선생님을 사숙한 덕분으로 명승지나 문화 유물을 보는 심안(心眼)이 조금 마련되었는지 후일 써낸 기행 수필이 좋은 평을 받았다. 그 후로도 몇 번 뵈었고 전화도 드렸는데 선생님 생존 시에 사숙했었다는 고백을 못 했던 것 같아 죄송스러움을 금할 수 없다.

감히 선생님을 후배들이 평가하는 것이 외람되지만, 어떤 분은 사람보다 글이 좋고, 반대로 인품은 좋은데 글은 싱겁다거나 평범해서 안타까운 경우가 많다. 선생님의 경우는 둘 다 우뚝하고, 평범한 말로 세상 복도 많은 분이어서 부러우면서 나이 들어가심이 안타까웠을 뿐이었다. 그래도 자연스럽게 나이에 걸맞게 독실한 신앙심(가톨릭교)을 엮은 신앙 수필을 내셔서 감동을 주더니 노환인 남편을 오래 섬기느라 고생하면서 주변인들에게 다른 감동을 주신다는 소식을 들었다.

젊어서부터 교우들을 보살피며 교계에서나 수필계에서 대모격으로 대구를 지키시던 정 선생님. 김태길 선생님께서 창립하신 수필문우회 동인으로 한때 함께 하셔서 쌓은 정도 깊었기에, 몇 년 전에 '70년대부터 활동하고 현존하신 우뚝한 분'으로 수필 잡지에 소개한 적이 있었다. 그런데 겸손하셔서 자신을 알리고 나서는 것을 피하셔서 겨우 두 군데 인터뷰에만 응하셨다. 우리들 연배는 정 선생님의 수필 세계나 인품을 알지만 대구에만 계셔서 덜 알려진 것이 속상하다. 이번에 정말 아까운 분이 돌아가셨다고 했을 때 그분이 누구냐고 묻는 후배가 많아서 안타까웠다.

주변의 소소한 나무들이나 생명체들을 소재로 감성적인 글을 많이 쓰신 정 선생님, 신변잡기로 끝내기 쉬운 소재들로도 훌륭한 수필을 써내는 그야말로 장기(?)를 가진 분이 별로 없다. 대구 앞산 자락에 주택을 지으실 때 이야기, 정원에 심은 갖가지 나무들 얘기 등 글로 친근해졌던 1988년 늦가을, 러시아 출신 성악가 루드밀라 남 리사이틀의 서울표를 못 사고 대구표를 샀다고 전화 드렸을 때 대뜸 우리 집에 와서 머물라고 하셔서 선생님 댁을 친구와 함께 방문해서 하루 묵고 왔다. 그때 대구 관광을 시켜주고 서울행 기차에 오르는 내게 어렸을 때 소풍 갈 때 부모님이 싸주신 것처럼 삶은 알밤과 과일, 구운 오징어까지 넣은 주머니를 안겨주셨다.

그리운 정 선생님, 이제 어디 행 열차표를 끊어야 선생님을 뵐 수 있을까요. 선생님이 가꾸셨던 댁의 정원보다 더 아름다운 하늘나라 정원에서 나무도 가꾸셔서 꽃도 따고 열매를 거두실 줄 믿습니다.

[2025.]

끝이 아닌 저녁노을
– 슈베르트의 현악 5중주(C장조 D.956)

…저녁노을은 해를 배웅하는 이별의 손짓이다. 해가 저물면 지상의 모든 사물은 어둠 속으로 돌아간다. 새들도 둥지로 돌아가고 사람들도 번잡한 일상을 놓고 집으로 돌아간다. 또 누군가는 생의 해가 저물어 하늘로 돌아가기도 한다. 그래서 저녁노을은 서천으로 흐른다. 하루해를 끌고 오느라 발뒤꿈치가 온통 핏빛으로 흥건하다.

수필가 김만년 님의 〈노을을 읽다〉에 나오는 구절이다. 저녁노을의 적절한 해석과 묘사에 감탄하며 읽었는데 최근 슈베르트(Franz Peter Schubert, 1791~1828)의 현악 5중주(C장조 D. 956, Op. post. 163) 첫머리의 신비롭고 불안한 심정을 묘사한 것 같은 부분이 생각나게 되었다. 마치 1악장(Allegro ma non troppo) 첫머리의 음악과, 노을에 대한 묘사가 너무도 어울린다고 여겨졌다. 더욱이 '누군가는 생의 해가 저물어 하늘로 돌아가기도 한다.'라는 구절은 가난과 질병에 시달리던 슈베르트가 실내악 마지막 곡을 작곡하며 창밖 노을을 내다보며 얼마 남지 않은 생애를 알아차렸을까 짐작해 보기도 한다.

이 음악을 작곡 후 1828년 9월 슈베르트는 출판업자 프로스트에게 신작 출판에 대해 편지를 보냈다. "최근 세 곡의 피아노 소나타와 … 가곡들을 작곡했습니다. 그리고 마침내 바이올린 2대와 비올라 1대, 첼로 2대를 위한 5중주곡을 처음으로 썼습니다. …." 이런 편지를 보낸 슈베르트는 50일 뒤인 그해 11월 장질부사를 앓다가 형님댁의 다락방에서 31세의 나이로 숨을 거두었다. '누군가는 생의 해가 저물어 하늘로 돌아가기도 한다.'라는 저녁노을에 대한 묘사가 절묘하여 1악장을 또 한 번 노을의 묘사로 여기게 된다. 이 현악 5중주와 실내악 작품의 쌍벽을 이루는 걸작인 현악 4중주곡은 '죽음과 소녀'라는 부제가 붙어 있다. 이 현악 5중주에 부제를 붙인다면 '노을'이라고 할 만큼 인생의 황혼, 노을을 생각하게 된다.

　노을을 따라가면 또 하나의 찬연한 세계가 펼쳐질 것 같은 환상으로 가슴 두근거리던 소녀 시절을 지나 성년이 되어 여의도에서 직장생활 할 때 퇴근 시간이면 서강 발전소 쪽에 붉게 짙어지던 노을, 그 빛이 점점 짙어지다가 어느 순간 강 너머로 가라앉고 나면 허무하여 간절한 사랑과 소망으로 기도하기도 했다. 그때는 소멸과 허무함보다 또 다른 세계가 펼쳐질 기대에 마음이 뜨거운 순간도 있었다. 나이 들어갈수록 노을을 보면 애틋한 연민과 함께 세월의 덧없음을 느끼게 되고 한때 가졌던 찬연한 노을빛 같은 열정을 생각하게 된다.

　이 음악은 샘솟는 창작의 영감이 붉게 타올라 여러 장르의 많은 걸작을 썼던 슈베르트 만년의 작품이다. 작곡된 지 2백 년이 가까워져 오는데 그동안 몇 분의 음악가가 이 음악을 죽음과 관계있는데 써달라고 했다고 해서 공감하고 있다. 두 대의 첼로에 의해 연주되는 1악장의 제2 주제는 화창한 봄날처럼 매우 따스하고 포근한 분위기를 나타내면서 마음의 평화를 선물하듯 아름다운 선율을 그리고 있다. 이 화창한 첼로 두 대의 멜로디를 바이올리니스트 조셉 선더스(Joseph Saunders)는 자신의 묘비에 새겨 달라고 할 만큼 로맨틱한 분위기이다.

2악장은 슈베르트의 희귀한 아다지오 중 하나인 숭고한 악장으로 3부로 된 ABA 형식이다. 제1부는 느릿하고 몽환적 정경을 펼쳐 깊고 풍부한 선율로 자신의 죽음에 대해 뭔가 이야기하고 싶어 하는 듯 애처롭기만 하다. 2부는 복잡한 리듬으로써 슬픔과 격정을 폭발시킨 후 극도의 여린 음으로 마무리하면서 클라이맥스로 치닫는 기복을 나타내고 있다. 이런 음악적인 해설이 아니더라도 위대한 피아니스트 아르투르 루빈스타인이 자신의 장례식 때 이 곡 제2악장을 연주해달라고 유언한 것을 공감할 수 있을 만큼 아름답다. 루빈스타인은 이 아다지오를 '천국의 문에 들어서는 것'이라고 했다고 한다.

빛깔도 소리도 뭐라고 할 수 없는 생존의 버거움을 떨쳐내면서 지나온 날의 삶, 저 후미진 그늘의 안쪽일지 벼랑의 절벽일지 모르는 곳에 끌려가고 싶지 않으면서도 받아들여야 하는 지극히 숭고한 체념이 느껴지는 아다지오는 15분(연주자에 따라 13분 정도일 때도 있다)이다.

나이 들어 고달픈 마음일 때면 나는 아다지오의 2악장만을 들으며 숙연해지기도 한다. 이 현악 5중주는 슈베르트가 〈교향곡 9번 C장조〉를 쓴 후 작곡한 실내악곡으로서는 마지막 곡이다. 여러 면에서 C장조의 교향곡과 상통되는 점을 갖고 있으며 음악적 영감은 교향곡보다 풍부하다.

  악기편성이 특이한 이 현악 5중주는 첼로를 두 개 쓰고 있다. 첼로를 하나 더 씀으로써 1개의 첼로를 독자적으로 구사할 수 있으므로 이 곡을 들을 때 저음부가 아주 충실할 뿐만 아니라, 첼로가 때때로 전면에 뚜렷이 나타나서 선율을 담당하게 되어 아주 유별난 느낌을 준다. 일반적으로 슈베르트의 가장 훌륭한 실내악 작품일 뿐만 아니라 모든 실내악에서 가장 위대한 작품 중 하나로 평가받고 있다.

  노을을 따라가면 또 하나의 찬연한 세계가 펼쳐질 것 같은 환상은 없어도 환상과 정열이 있던 붉은 노을을 그리워하게 되는 마음으로 이 음악을 자주 듣게 된다. 노을은 끝이 아니라 그 끝에는 새로운 시작에 대한 약속이 있음을 믿으며. "하루해를 끌고 오느라 발뒤꿈치가 온통 핏빛으로 흥건하다."라는 김만년 님의 묘사처럼 '핏빛으로 흥건'할 만큼 고단하지는 않았어도 지나온 날을 위로받으며 내일을 기다릴 수 있어서이다.

[2023. 5.]

후회의 선율

설 이튿날 친구가 카톡으로 〈Sunrise Sunset〉 노래와 영상을 보내왔다. 바닷가 어두운 숲 사이로 햇빛이 번져오는 모습과 노을이 깔린 산 뒤로 빨간 해가 숨어버리는 장면 등 아름답고도 애틋한 영상들이다. 나는 이 노래를 들으면 "저 아이가 우리가 키워온 그 아이란 말인가…. 해가 뜨고 해는 지고… 세월은 빨리도 흘러가네… 이들이 편안한 길을 걸어가도록 어떻게 도울 수 있을까, 이제 그들은 매일 매일의 삶으로부터 배워나가게 되리라." 이런 번역된 가사를 생각하게 된다. 친구는 세월의 빠름을 덧없이 느꼈을까. 아니면 푸틴 대통령 치하의 러시아 군인들이 우크라이나에 탱크를 몰고 가 시작된 전쟁이 2년이 넘도록 끝나지 않아 우크라이나 국민이 안쓰러워서 이 음악을 보냈을까.

친구와 함께 50년 전에 본 영화 《지붕 위의 바이올린(Fiddler on the roof)》(감독 노만 주이슨, 차임 토플 주연, 1971)은 1905년 러시아 혁명을 시대 배경으로 우크라이나에 사는 유대인 딸부자 테비에의 이야기를 담았는데 〈Sunrise Sunset〉은 이 영화의 주제곡이다. 영화에는 이웃집 주인 테비에가 멸시와 학대도 받지만 이에 좌절하지 않고 미래를 갈망하는 유대인의 낙천적인 전통과 신앙심을 담았다. 가난 속에서 매사가 순조롭지 않아 암울한 분위기일 수 있는데, 주인공들의 춤과 노래가 익살스럽기도 한 뮤지컬 영화여서 어둡지만은 않다. 더욱이 희망찬 앞날을 기원하는 〈Sunrise Sunset〉 합창은 큰딸의 결혼식에서 부르는 아버지와 어머니의 노래로 인상 깊게 남았고 시작과 끝부분에 나오는 이 멜로디의 바이올린 연주는 아련한 슬픔과 함께 여운이 남게 했다.

특히 나는 이 영화를 보면서, 딸들이 배우자로 택한 이들이 맘에 들지 않아서 갈등하는 아버지의 모습이 안타까웠다. 큰딸은 돈 많은 푸줏간 주인이 청혼해 오지만 가난한 양복 수선공인 홀아비 애인이 있고, 셋째는 러시아 젊은이와 사랑에 빠졌는데 부모의 강력한 반대에 부딪히자 결국 집을 뛰쳐나간다. 한편 볼셰비키 혁명에 가담한 둘째의 애인은 체포되어 시베리아로 유형을 떠난다. 둘째 딸이 사랑하는 사람을 찾아 시베리아행 열차에 몸을 싣고 떠나가는 것을 바라보는 테비에의 눈동자 속에 비친 부성애, 그 모습을 보며 나는 다른 종류의 눈물을 흘리고 말았다.

이 영화를 보기 몇 년 전, 쉰네 살의 아버지가 갑자기 세상을 떠나셨다. 대학 졸업 후 취직이 급선무였던 딸의 속셈을 모르는 아버지는 고향에서 사윗감을 물색 중이었다. 겨우 취직했는데, 괜찮은 사람이 나타났다고 내게 내려오라는 명이 떨어졌다. 직장 일을 핑계 대며 차일피일 미루자 마침내 사진까지 보내면서 좋은 조건을 적어 보내셨다. 평소 순종이 미덕이라고 타일렀던 어머니의 말씀도 있었지만, 그때 사진 주인공의 인물이나 여건이 맘에 차지 않아서가 아니라, 나는 대학 진학 때 아버지의 우격다짐이 계속 섭섭했던 차라 이번에는 내 주장대로 하고 싶었다. 사진을 가지고 나를 데리러 오신 고모에게 똑똑하게 전해 드리라고 했다.

"대학 진학 때는 4년제 아닌 2년제로 가라고 해서 순종했지만, 결혼만은 저의 주관대로 하게 해주세요."

직장에 다닌다는 것만 빼고는 아무런 자신도 없었는데 대학 진학 때의 좌절감이 생각나서 한 말로 아버지의 노여움을 사게 될 줄은 몰랐다. 사실은 2년제 졸업 후 4년제로 편입도 하게 해주셨고 별 재주도 없는 큰딸이지만 대견하게 생각하고 믿었기에 당돌한 딸의 한마디가 청천벽력이었던 것을 몰랐다.

영화에서 우크라이나의 정치 상황이 악화되어 유대인에게 추방 명령을 했듯이 나를 딸 하나 없는 셈 치겠다고 하며 화를 내셨다는 것을 나중에야 들었다. 그 후 서울에 올라오시지 않은 것도 바쁜 일로 짬을 못 내는 줄만 알았다. 평소에 쇠약했던 분이 아니었기에 뇌일혈로 입원한 중소도시의 병원에 뵈러 갔을 때 언어기능이 마비되었어도 심각하게 여기지 않았고 더욱이 '결혼만은 저의 주관대로' 운운한 것을 큰 잘못으로 여기지 않았기에 용서를 구하지도 않았다. 졸도 후 입원, 아흐레 만에 세상을 떠나실 줄이야.

좀 더 사셔서 잘못을 뉘우친 큰딸의 사과도 받으셨어야 하는데, 나는 절실하게 죄송한 마음이 북받쳐 올랐다. 영화를 같이 본 친구는 내가 눈물을 흘린 이유를 묻지 않아서 다행이었다. 친구는 어려서 북한에서 살 때 소련군을 로스께라고 불렀다면서 그들의 횡포와 공산당이 싫어서 1·4후퇴 때 가족과 함께 탈북해 왔다. 영화에서 '유대인들은 사흘 이내에 마을에서 떠나라는 명령' 장면에, 월남하면서 인민군에게 발각될까 봐 두렵던 공포와 위기가 생각나 괴로웠다고 했다.

  영화제목 '지붕 위의 바이올린'의 정확한 번역은 '지붕 위의 바이올린 연주자'이다. 지붕 위에서 연주하듯 불안정한 유대인의 삶을 상징하고 있다고 한다. 영화를 본 사람들은 서두에서 저녁노을이 물든 시골 농가와 어디선가 들려오던 바이올린 소리가 생각날 것이다. 그것은 뾰족지붕 위에서 한 남자가 바이올린을 연주하고 있던 장면이다. 그리고 마지막에서 러시아 정부군으로부터 유태인 추방 명령이 떨어져 주인공 테비에가 짐을 실은 달구지를 끌고 진흙탕 길을 가는데 그의 뒤로 석양의 지붕 위에서 바이올린을 켜던 그 연주자가 길에서 바이올린을 연주하면서 테비에를 따라온다.

  〈Sunrise Sunset〉 선율은 영화의 시작과 끝을 알리는 음악이고, 내게는 후회의 선율인 것을 친구는 알까.

[2025. 3.]

어떤 측은지심으로

　이웃 빌라의 화단에서 분꽃을 보니 어린 시절 일이 떠오른다. 다른 화려한 꽃들처럼 화단에 심어지지 못하고 시골 초가집의 뒤꼍이나 장독대 옆에서 저녁나절에 피어 고달픈 아낙에게 위로를 주던 꽃.
　어려서 형제들이 시골 외가에 갔을 때 저녁이 되니 막냇동생이 '집에 가자'며 보챘다. 주변이 어두워지자 집 생각이 났나 보다. 나도 저녁밥 짓는 연기가 동네 굴뚝에서 올라오는 풍경을 보며 까닭 없이 울고 싶던 기억이 있기에 동생을 달래보아도 계속 칭얼댔다. 내버려 두자 어딘가로 사라진 동생을 찾다가 뒤꼍에서 외사촌 언니와 함께 있는 것을 발견했다. 언니는 분꽃에 달린 열매를 따주고 있었다. 한 포기에 노란 꽃, 분홍 꽃도 피고 얼룩 꽃도 있어서 신기했는데 또 열매라니, 그것은 씨앗이었다. 열매를 봉투에 넣어주며 까매진 후 씨앗을 찧으면 나오는 하얀 가루를 바르면 예뻐지고, 다음 해, 봄에 심으면 싹이 나서 큰 포기가 된다는 언니의 말에 비로소 동생이 울음을 그쳤다.
　지금 생각해 보면 동생을 달래준 것은 언니의 측은지심에서였으리라. 측은지심(惻隱之心), 맹자는, 인간에겐 기본적으로 누군가의 불행에는 함께 슬퍼해 주며 다시 행복해지도록 희망을 줄 수 있는 능력이 있다고 했다. 언니는 씨앗을 주며 꽃은 지더라도 씨앗이 다시 심어져 영원할 수 있다는 가능성까지 짐작하게 해주려 했을까.

"꽃이 지기로서니/ 바람을 탓하랴/ 주렴 밖에 생긴 별이/ 하나둘 스러지고…" 애송하던 조지훈 시인의 〈낙화〉 구절처럼 꽃이 피면 당연히 지는 것, 꽃이 지면 서운하듯이 근년엔 나의 젊음이 물러가 버린 것이 아쉽다. 나 자신을 인생의 황혼이라고 여긴 지 오래인 지금, 감사하고 사랑하며 베풀고 행복하게 살아왔는지 누군가에게 측은지심으로 힘이 되어 주었는지 뒤돌아보게 된다.

근년엔 지구온난화현상 때문인지 개화 시기가 다른 꽃들이 순서도 없이 함께 피었다가 서둘러 저버려서 세월의 속도를 독촉하는 것 같다. 젊은 시절에도 맑은 물을 찾아 역류하려는 용기가 없던 처지에서 나태해진 내게 힘을 주고 일깨워줄 곳이 있을까.

몇 년 전 대만의 린위탕(林語堂, 작가 문명비평가 1895~1976)의 고거(故居)에서 본 의자, 나이 든 그가 해가 저무는 관음산을 바라보며 사색했다는 베란다에 놓인 의자가 뜻깊게 다가왔다. 노년에도 사색하며 지냈던 자리. 그보다도 가까이서 존경했던 고 김열규(1932~2013) 교수의 만년도 생각하게 된다. 정년을 6년이나 남겨두고 귀향(경남 고성군 하일면 송천리)하여 자연 속에서 소로우(1817~1862)처럼 살며, 해마다 책 1권 이상을 집필하셨다. 김 교수님과는 여러 인연(수필문우회 창립동인, 방송 관계 외)으로, 문우들과 댁에도 방문하고 이 메일도 나누었다. "…이곳은 한낮에도 기온은 25~6도를 넘지 않습니다. 거기다 낮에는 산

바람, 밤에는 바닷바람이 번갈아 불면서 시원하게 지나고 있습니다. 어느 출판사의 청을 받고는 《아흔 즈음에》라는 원고 쓰기에 매일 애는 씁니다만, 진척은 생각 같지는 않습니다…"는 메일 속의 책《아흔 즈음에》는 혈액암으로 투병 중에도 쓰신 글로 우리 같은 범인에게 큰 도움과 깨우침을 주었다.

어렸을 때 외가에서 저녁에 느껴지던 것이 인간 본연의 고독감이었다면, 이제는 구체적으로 노년의 무기력함이 엄습하는 저녁 어스름이다. 이런 자신에게 측은지심이 밀려와서 시골 고향을 그리워하는지도 모른다. 돌아갈 시골 고향이 있다고 해도 분꽃으로 달래줄 언니도 없고, 감히 김 선생님처럼 풍요로운 지성의 글쓰기로 여생을 채울 수도 없으면서 자신이 딱하게 여겨지는 측은지심.

둥그스름한 초가지붕을 보면 평화로운 안식이 느껴지고 따뜻한 인심이 생각난다. 어렸을 때 마음이 가고 눈길이 멈췄던 것이 예술적인 표현으로 감동 주는 작품이 되지는 못했을지라도 소중한 기억으로 남은 것들이다.

소도시에서 자랐기에 초가집에서 살지 않았지만, 고향 집 하면 왠지 초가집이 떠오른다. 나는 백성을 위한 측은지심에서 한동안 초가집에서 기거한 성군을 생각한다. 세종대왕은 재위 초기(5년 1422)에 강원도에 가뭄으로 백성들이 흙을 파먹는다는 소식에 구휼 대책을 마련하고, 그들의 고통을 함께하려고 경회루 동쪽에 평민들의 집보다 초라한 흙바닥의 초가집을 짓게 했다. 대왕은 백성들의 집이 얼마나 불편하고 힘든가를 알려고 백성들을 구휼하는 동안 초가에서 국무를 보았다고 한다. 그 후에도 백성들의 어려움을 덜어주고 행복을 위해 골몰했던 세종대왕은 한글을 창조했는데 이 또한 글을 모르는 백성들이 편하게 쓰도록 하려는 측은지심에서 비롯된 것이었다.

  어렸을 때 시골에서 외사촌 언니는 분꽃 핀 저녁에 철없는 동생들이 측은해서 장독대에 물을 떠 놓고 건강과 성공을 빌었을 것이다. 그런 측은지심의 기구가 우리를 건강하게 성장하고 나이 들게 했을지도 모른다.

  나이 들었어도 지혜나 삶의 철학도 마련하지 못한 자신, 남에게 베풀 여지도 없고 새롭게 도전할 용기도 없이 무기력하게 지내는 나 자신을 측은하게 여기는 마음, 재능이나 학덕, 노년을 위한 스펙도 쌓지 못한 주제에 세계적인 문명 비평가나 명교수, 수필가, 더욱이 세종대왕을 생각하는 내게 주변에서 어떤 측은지심으로 대할까 겁내며 건강이나 지키자고 나를 달랠 뿐이다.

[2024. 6.]

해바라기들의 합창

R작가가 해바라기 사진액자를 후배 출판사에 갖고 왔다. 해바라기를 걸어놓으면 재물 운을 틔워준다고 잘 보이는 곳에 걸라고 했다. 물기를 머금은 노란 꽃잎이 생동감 있어서 보기 좋다고 했더니 내게도 한 점 보내줄까 하고 묻는데 선뜻 대답을 못 했다.

나는 젊은 시절에 읽은 함형수(咸亨洙, 1914~1946) 시인의 〈해바라기의 비명(碑銘)〉 "나의 무덤 앞에는 그 차가운 빗돌을 세우지 말라/ 나의 무덤 주위에는 그 노오란 해바라기를 심어 달라/…"고 한 구절로 해바라기라면 먼저 죽음이 연상되었다. 그리고 유언 같은 이 시는 시인이 요절할 것을 예감했는지 의문이 들었지만 젊었던 나는 죽음과 무덤 얘기가 나와는 멀게 느껴졌다. 암울한 식민지 치하에서 함 시인이 싱싱한 생명력과 삶에 대한 의지를 나타낸 절창이라고 감탄했으면서도 앞 구절 때문에 해바라기는 죽음이라는 이미지가 강하게 남았다.

함 시인은 함경도 경성 출신으로 중앙불교전문학교 문과를 수학, 미당 서정주 시인과 '시인부락' 동인으로 창간호(1936년)에 〈해바라기의 비명〉으로 문단에 데뷔했다. 미당과 함께 서울 통의동에 있는 '보안여관'에 한동안 기거하며 나라 잃은 울분을 삼키며 문학에 대한 꿈을 키웠다. 1940년, 동아일보 신춘문예에 시 〈마음〉으로 당선하고는 고향에 가서 교편을 잡았지만, 가난과 정신착란증으로 33세에 돌아갔다. 그의 시는 10여 편에 불과하다 해서 아쉬웠다.

  나는 생뚱맞은 점에서 더욱 그를 잊을 수 없었다. 동국대학교의 전신인 중앙불교전문학교를 나온 함 시인. 그보다 1년 위인 미당과 함께 학교에 다녔는지는 모르겠지만 나는 동문 20여 년 선배라는 것으로 유치하게 친근감이 들었다. 그리고 〈해바라기의 비명〉을 처음 읽었을 때는 몰랐지만 함 시인이 미당과 함께 머무른 보안여관은 고교 1년 때 서울에 수학여행 와서 묵었던 여관이기도 하다. 그 여관방에는 시 대신 로렌스 올리비에 주연의 영화 《폭풍의 언덕》의 흑백 포스터가 붙어 있던 것이 잊히지 않는다. 서울 최초의 여관으로 지금은 전시회장이 되었다고.

  이래저래 함 시인과 〈해바라기의 비명〉과의 인연을 간직한 몇 년 후, 영화 《해바라기》(비토리오 데 시카 감독, 이탈리아와 프랑스 공동제작, 1970, 국내 개봉 1980)에서 우크라이나 벌판에 흐드러지게 피어있는 해바라기의 가슴 아픈 영상을 보았다. 해바라기 한 그루마다 이탈리아 병사 한 사람씩 묻혀 있고, 독일 나치가 포로들에게 자기가 묻힐 구덩이를 파게 했다는 잔인함.

  그런데 이런 전쟁의 비극을 생각나게 하는 러시아의 우크라이나 침공, 지난 2월에 시작된 우크라이나 전쟁이 6개월이 지났다. 6·25를 겪고 피난지에서 고향에 돌아왔을 때, 폐허가 된 운동장 구석에서 피어 있던 해바라기가 위로와 희망을 주었다고 글을 쓴 적이 있다.

나도 이제 해바라기가 죽음이라는 이미지를 씻어내야 하지 않을까. 해바라기는 우크라이나 국화이다. 해바라기가 국화였던 러시아는 1998년에 카밀라(캐모마일)로 국화를 바꿨다고 한다. 우크라이나의 국화인 해바라기에 대한 이미지를 바꾸고 우크라이나의 승리를 기원해야겠다.

요즈음 다시 〈해바라기의 비명〉을 읽어보니 "노오란 해바라기는 늘 태양같이 태양같이 하던 화려한 나의 사랑이라고 생각하라./ 푸른 보리밭 사이로 하늘을 쏘는 노고지리가 있거든 아직도 날아오르는 나의 꿈이라고 생각하라."는 후반부 시에서 함 시인의 죽음을 초월하고자 하는 의지를 읽을 수 있고, 뜨거운 생을 향한 강한 의지를 나타내고 있음을 느꼈다. 시인의 이런 벅찬 희망과 정열보다도 서두의 인상이 강렬해서 해바라기를 죽음의 이미지로 고정시켰던 나의 오해를 풀 수 있었다.

신경림 시인도 "죽음을 노래하고 있지만 빈센트 반 고흐의 그림만큼이나 색채가 강하다. 노오란 해바라기-푸른 보리밭-하늘을 쏘는 노고지리로 이어지는 이미지에서는 강렬한 생명의 냄새가 난다. 채 물감이 마르지 않은 짙은 색깔의 유화 한 폭을 보는 것 같다."라고 해서 반가웠다.

고통받는 우크라이나인들을 위한 자선 콘서트가 세계 여러 곳에서 열리고 있다. 나는 지난 7월 29일 베를린에서 열린 콘서트 영상을 TV

에서 보았다. 평화를 기원하고 난민들을 위한 콘서트 서두에서 우크라이나 국가의 합창을 듣고 숙연해졌다. 두 아기를 데리고 피난 온 우크라이나 가수 안나 콘스탄티노바가 고국에 남은 남편과 부모를 생각하며 '군인 간 아들을 기다리는 어머니의 노래'를 부르는 것을 보며 가슴이 뭉클했다. 인터뷰에서 "내 고국의 미래가 있길 원하고 희망합니다. 이 힘든 전쟁이 끝나기를 바랍니다. 평화가 있고 더는 사람들이 희생되지 않기를요."라는 말에 시청자들도 깊이 공감했으리라.

콘서트에 참가한 합창단원들은 모두가 불꽃 같은 꽃잎으로 둘러싸인 해바라기처럼 열성적이었다. 한 사람 한 사람이 상한 이파리 하나 없이 싱싱한 불꽃 같은 해바라기가 되어 노래를 부르고 있었다. 간절한 희망과 소원을 담은 합창으로 감동을 준 콘서트. 나는 R작가에게 불꽃 같은 이파리가 빽빽한 생기 넘치는 해바라기 사진을 부탁해야겠다. 그 사진을 보며 더는 한 사람이라도 상하지 않고 우크라이나 전쟁이 끝나기를 기원해야겠다.

[2023. 10.]

여수의 자락에서

어렸을 때 좋아한 단어로 동경(憧憬), 영원(永遠) 그리고 여수(旅愁)가 있다. 동경, 영원이라면 대부분 사람이 고개를 끄덕이며 수긍했지만, 여수 부분에서는 고개를 갸웃하는 이들이 많았다.

여수는 여행을 떠나서 느끼는 건데 나는 중학교 2학년 때 G읍으로 전학을 가서 느끼기 시작했던 것 같다. 새로운 곳에 대한 기대와 희망으로 고향을 떠났는데 뜻밖에도 주체할 수 없는 여수에 잠기게 되었다. 타향에서 느끼는 고향 그리움과 소외감, 고독을 느끼게 될 줄은 미처 짐작 못 했다.

"깊어가는 가을밤에/ 낯 설은 타향에/ 외로운 마음 그지없어/ 나 홀로 서러워…"하는 노래 〈여수〉의 가사가 절절하게 다가왔다. 여수는 더러 상상해 보던 낭만이나 아름다움이 아니었다. 친구들을 떠나왔다는 섭섭함과 가족이 곁에 없다는 쓸쓸함을 견디지 못하다가 1년 후에 집이 있는 유성에서 버스 통학할 수 있는 D시의 여중으로 전학했다. 그러나 겨울이면 통학버스를 놓치기 일쑤여서 D극장 근처에 방을 얻어 자취할 때 더욱 서러움과 걱정이 많았다. 그때 극장에서 울려 나오던 유행가의 애절한 가사와 멜로디는 더욱 여수에 젖게 했다.

극장 앞을 오가며 영화의 포스터들만 흥미롭게 보던 어느 날, 학생 관람 불가의 영화를 용감하게 들어가서 관람한 일이 있었다. 미국영화 《September Affair》인데 우리말 번역 제목이 《여수》였다. 윌리암 디텔레 감독의 1950년 작품으로 우리나라에는 1953년에 들어왔는데 내가 처음 본 것은 1955년쯤이다. 다시 1965년에 재개봉되었을 때 성인이 되어 마음 편하게 보았기에 내용을 확실히 알게 되었다. 1955년이나 1965년에도 세계여행이 힘들 때 이어서 흑백영화이지만 나폴리와 카프리섬의 아름다운 풍광을 볼 수 있어서 좋았다.

로마 출발 미국행 비행기에서 나란히 앉은 중년 신사 데이비드(조셉 코튼 扮)와 젊은 피아니스트 마니나(조안 폰테인 扮) 두 사람은 비행기 고장으로 나폴리에 비상 착륙하자 수리 시간을 이용, 나폴리를 구경하러 나온다. 맑고 푸른 지중해를 바라보고 〈9월의 노래〉를 들으면서 행복한 시간을 보낸다. 즐겁고 재미있는 시간을 보낸 두 사람이 비행장으로 달려갔을 때 예정보다 빨리 수리를 끝낸 비행기가 이륙한 뒤였다. 두 사람은 할 수 없이 다음 비행기를 기다리는데 떠났던 그 비행기가 이륙 후 추락사고로 탑승객 전원이 사망하여 두 사람의 이름도 사망자 명단에 포함되어 있었다. 마침 부인과 이혼하려던 데이비드와 마니나는 이때부터 둘만의 새롭고 행복한 삶을 살기 시작하게 된다. 하지만 마니나의 피아노 스승은 '훔친 행복은 오래 지킬 수 없는 법'이라고 동거를 끝내라고 충고한다.

어느 날 데이비드의 부인 캐더린(제시카 탠디 扮)이 아이와 함께 남편이 참사한 현장을 살피러 왔다가 남편이 살아 있다는 것을 알게 된다. 캐더린은 오직 남편이 무사했다는 것에 감사의 눈물을 흘리며 두 사람을 위하여 이혼 수속을 하겠다는 편지를 남기고 떠난다. 마니나는 데이비드의 부인이 남편을 무척 사랑하는 좋은 사람인 것을 알게 되고, 또한 데이비드가 아들을 그리워하는 것도 느껴서 모든 걸 제자리로 돌려놓아야 한다고 결심한다.

영화 주제가 〈September Song〉의 마지막 가사는 "얼마 남지 않은 소중한 날들을/ 난 당신과 함께 보낼게요."라고 하지만, 자신이 사랑하는 남자를 독차지하는 대신 원래 가정으로 보내려고 결심한 마니나는 뉴욕 연주 길을 떠나기 전 고별 콘서트를 갖는다. 객석에서 라흐마니노프의 피아노 협주곡 2번을 연주하는 마니나의 모습을 황홀하게 지켜보는 데이비드와 캐더린, 그리고 그의 아이들. 아름다운 흰 손이 건반 위를 달리는 단순한 아름다운 연주만이 아닌 마니나의 진정한 사랑 고백 연주이기도 했던 고국에서의 데뷔 연주회는 대성공이었다. 데이비드는 마니나를 찾아 그녀와 함께 공항으로 차를 운전해 가는데 마니나는 남미로 갈 계획이라며 데이비드에게 "헤어진다는 것은 괴로운 것이지만 만일 나를 사랑한다면 나를 떠나게 해 달라."고 애원한다. 이윽고 남미행 비행기는 밤하늘로 사라지고 데이비드는 언제까지나 마니나가 탄 비행기를 바라보고 있었다.

마지막 장면이 너무도 애틋했지만, 나는 이 영화로 유명한 라흐마니노프의 피아노 협주곡 2번의 미묘한 아름다움과 작곡 유래를 알게 되었다. 그리고 '여수'가 객지에서 느끼는 시름이나 걱정보다 훨씬 폭이 넓고 이별 등 인간이 겪어야 하는 다양한 아픔도 있는 것임을 느꼈었다.

사람들은 여행을 통하여 현실의 어려움을 잊기도 하고 공허함을 채우기도 하지만, 충족감 대신 또 다른 쓸쓸함에 젖기도 한다. 여행을 좋아하거나 싫어하는 사람도 어쩌면 짧거나 긴 여행을 늘 계속하면서 사는 것은 아닐까. 여행지가 같지 않아도 영화 주인공처럼 우연히 옆에 앉게 되고 인생길에 동행자가 되는 경우도 있을 것이다. 나를 실어다 주는 기기가 없어도 허공에서 새가 날 때 마음은 이미 그 날개를 타고 이름 모를 곳에 도달한 듯 상상의 날개를 펴보듯 현실에서 벗어나고픈 마음속의 방황 같은 여행.

어떤 여행이든 타향에서 우수를 느끼던 어렸을 적 버릇이 나이가 많아진 지금도 계속된다. 나는 여수의 그늘에서 버섯처럼 은밀하게 피어나는 정서로 문단의 끝자리에 있게 되지 않았는가 여긴다. 여행지에서 좋은 영감과 에너지를 얻게 되기도 했으니까.

아직도 여수에서 헤어나지 못하고 신열에 들떠서 있던 나를 생각한다. 알찬 결실을 못 본 채 애상적인 여수의 검은 자락에서 헤어나지 못하고 있는 쓸쓸함을 느끼곤 한다.

[2023. 9.]

이색 축제

지난 10월 30일은 몇 달 전에 세상 떠난 큰동생의 생일이었다. 세상 떠난 이들이 1년에 한 번 가족과 벗을 만나러 세상에 내려온다고 믿는 멕시코인들은 해마다 10월 31일부터 11월 2일까지 '죽은 자들의 날'로 정해서 축제를 벌인다고 한다. 마침 날짜도 비슷하니 멕시코인들처럼 해골 복장으로 묘소는 찾아가지 못하더라도 메리골드 한 다발 꽂아놓고 동생이 생전에 좋아했던 파바로티(Luciano Pavarotti, 1935~2007)의 노래를 틀어놓았다.

멕시코인들은 대부분 이 날에 집 안에 특별한 제단을 꾸미는데 설탕이나 초콜릿, 아마란스 등으로 해골 모형을 만들고 여기에 죽은 자의 이름을 적어 제단에 올리는 의식을 갖는다. 무덤은 사자(死者)를 위한 선물과 메리골드 등 꽃으로 장식하는데 죽은 자의 영혼을 불러들이고, 그 영혼을 기리는 의식이다. 집 안에서 뿐만이 아니라 길거리에서 퍼레이드도 하는 이 축제는 사회적 기능과 영적·미적 가치를 인정받아 2008년에 유네스코 인류무형문화유산 목록에 등재됐다고 한다.

그런데 일부 지역에서는 해골 복장으로 세상 떠난 가족이나 친구의 묘지로 선물을 갖고 찾아가 메리골드 꽃과 촛불로 무덤을 환하게 장식한다. 그리고 무덤 곁에서 죽은 이들이 생전에 좋아하던 음식을 먹고 즐겨 듣던 음악을 듣기도 한다니 나도 이 의식의 일부는 흉내 내는 셈이다.

노벨상을 수상한 멕시코의 저명한 시인이자 외교관인 옥타비오 파스(Octavio Paz, 1914~1998)가 멕시코의 특성과 역사, 문화를 분석한 수필집 《고독한 미로》에서 이렇게 말했다.

> 뉴욕, 파리, 런던 사람들에게 죽음은 입 밖에 내지 말아야 할 금기어다. 하지만 멕시코 사람들은 다르다. 그들은 죽음에 늘 관심을 갖고 자주 말하며, 죽음과 함께 잠들고 죽음을 축하한다. 그들에게 죽음은 가장 좋아하는 놀이이고, 영원한 사랑이다.

이 말을 생각하며 파바로티의 노래에 귀를 기울인다.

무겁고 침통한 기분으로 시작되는 이 노래는 "이 어두운 무덤에 편히 쉬게 해주오./ 아, 내가 살아있을 때도 믿음이 없었는데,/ 이제 나를 생각하겠는가!/ 적막한 어둠 속에 편히 쉬게 해주오!/ 공허한 고통 없이 나의 재를 울며 젖게 한다네./ 이 어두운 무덤에 편히 쉬게 해주오! (하략)" 이런 내용이다.

이 노래는 베토벤 작곡의 〈어두운 무덤 속에서(In Questa Tomba Oscua)〉이다. 가사는 베토벤이 실연 끝에 배신한 여인을 원망하는 마음이 담긴 이탈리아 시인 주제페 카르바니의 시를 작곡했기에 '내가 살아 있을 때도 믿음이 없었는데 이제 나를 생각하겠는가'하는 구절이 나온다. 나는 동생이 살아 있을 때 서로에 대한 믿음이 강했기에 이런 구절에 구애받지 않고 이 노래를 좋아해서 선택했다. 더욱이 이 노래는 제2절에서 베토벤다운 격정으로 치닫다가 다시 1절과 같은 노래로 돌아오는 말하자면 3부 형식의 가곡으로 언제 들어도 감동을 준다. 시간은 3분 반 정도의 길이인데 교향곡의 한 부분을 압축시켜 놓은 듯하다.

　나는 가곡 〈어두운 무덤 속에서〉를 들으며 동생의 예상치 못했던 죽음에 섭섭하기만 했던 가슴을 쓸어내리고 죽음에 친밀해지려 한다. 옥타비오 파스의 "멕시코 사람들은 다르다. 그들은 죽음에 늘 관심을 갖고 자주 말하며, 죽음과 함께 잠들고 죽음을 축하한다. 그들에게 죽음은 가장 좋아하는 놀이이고, 영원한 사랑이다."라는 말에 전적으로 수긍할 수는 없지만.

　동생의 운명이 얼마 남지 않았을 때 장자(莊子)의 〈지락편(至樂篇)〉에 있는 '사람의 삶과 죽음이 똑같이 자연의 한 변화 현상에 불과하다.' '죽음과 삶은 운명이다. 밤과 낮이 일정하게 있는 것이 자연(天然)이다. 사람들이 관여할 수 없는 그런 일이 있는 것은 모두가 만물의 실정인 것이다.'라는 이런 말을 감히 들려주지 못했다. 구체적으로 현대 의학으로는 치유 불능 상태에 이르렀을 때도 주님께서 살려주시리라는 어떤 신념, 깊은 믿음으로 통증도 잘 견디어내었다. 그래서 예상보다 지상에 조금 더 머물러 주었음을 고마워해야 할까.

　동생이 살아 있을 때는 세 살 터울인데도 남동생이어서 정서가 잘 안 통해서였는지 그리 자별하게 지내지도 않았고 서로 크게 도움을 주지도 않았는데, 그의 죽음은 청천벽력이었다. 나도 모르게 크게 믿고 의지했었나 보다. 한동안 너무 섭섭하고 고독하게 만들었다. 그래서 세상 떠난 이들이 1년에 한 번 가족과 벗을 만나러 세상에 내려온다고 믿는 멕시코의 '죽은 자들의 날'을 기억하고 그에 맞춰 생각하는 날을 마련하게 될 줄이야.

존경하는 목사님께 천국의 확신을 얘기하며 떠나서 살아 있는 이들에게 그래도 되도록 화평한 마음을 갖도록 해줬다. 그러나 시간이 지나도 인간적인 섭섭함은 지속된다. 오늘 파바로티의 〈어두운 무덤 속에서〉 노래가 더욱 슬프게 들린다.

깊어가는 가을 노란 메리골드 꽃 대신 하얀 구절초꽃이 너울거리며 동생의 묘소에서 축제를 벌이고 있을 것이다.

[2023. 2.]

강보다는 호수에

TV 기행 프로그램에 강경(江景) 옥녀봉이 나와서 반가웠다. 유년의 기억들이 오버랩되어 변화된 현재 모습을 제대로 못 보고 지나치기도 했지만 얼마 만인가. 어렸을 때 교회 근처에 있던 옥녀봉에 오르면 봉수대 흔적이 있고, 멀리까지 시야가 트여 남쪽으로는 강경 읍내, 서쪽과 북쪽으로는 넓은 평야와 금강(錦江) 물줄기가 보였다. 특히 서쪽으론 부여를 지나온 금강물이 강경을 스쳐 익산 쪽으로 흘러가는 것을 보노라면 이따금 은은한 종소리가 울려왔다. 우리나라 최초 김대건 신부가 풍랑을 겪다가 상륙하여 머물렀던 곳에 세운 나바위성당의 종소리였다. 이제는 흔적만 있던 봉수대 자리에 복원된 봉수대도 있고 곳곳에 안내판도 설치된 아름다운 공원이 되어 좋았다.

옥녀봉은 하늘의 선녀들이 내려와서 강물에서 목욕하며 놀았다는 전설이 있지만, 지금 생각해 보면 어린 우리에겐 특별한 교육장이었다. 체계가 덜 갖춰진 학교 교육에서 놓친 것이 많았는데 유년주일학교 선생님 덕분에 지식과 시야를 좀 넓힐 수 있었다. 특히 옥녀봉에 올라, 유럽 문명과 관련된 성경 얘기를 많이 들었다. 종교적인 의미보다 재미

있는 이야기 위주였는데도 문명에 대해 눈을 떴고, 6·25를 거치면서 UN군의 지원과 국제간의 교류, 애국정신도 은연중에 잔 뿌리를 내리게 되었다. 금강물을 가리키며 모세가 이스라엘 민족을 이끌고 홍해를 건넌 기적 같은 이야기로 우리에게도 강 건너 이상적인 삶에 비전을 갖도록 애쓰시기도 했다. 개인적으로도 그리 총명하지 못하고, 근시로 칠판 글씨도 못 읽는 내게 다른 장점을 갖게 해주셨지만, 매사에 자신감이 없이 자랐다.

직장생활 초년 시절, 일본어 실력도 초보에다 자신감도 없던 50여 년 전의 아둔했던 실수가 잊히지 않는다. 일본인 불문학 여교수의 안내를 맡게 되었는데, 꼭 가보고 싶은 곳이 수원(水原)이라고 했다. 나의 무지는 짐작 못 하고 자신 있게 나섰던 것은 내가 수원을 좋아했기 때문이었다. 당시 수원이라면 봄철에 자주 찾은 딸기밭도 있고, 주말이면 갈비를 먹으러 갔다. 그보다도 대전에서 기차로 서울에 올라올 때 수원 쪽에 시원하게 보이는 호수가 있어서 꼭 보여주고 싶었다. 당시 애독하던 모윤숙 시인의 《렌의 애가》에 있는 "… 수면에 밤이면 창백한 별 무리가 소복이 그 광채를 가져옵니다. 하늘과 땅이 온통 침침하고 물소리 없는 검은 밤이 이 호수의 신비한 풍경이라…" 이런 구절보다 더욱 그윽할 것으로 동경하던 곳, 직장 야유회 때 그 호수를 찾았던 기쁨을 잊을 수 없다. 농촌진흥청 근처에 있는 그 서호를 또 가볼 수 있다는 생각에 선뜻 나섰던 것이다.

서울 대신 수원을 안내해 달라는 여교수의 부탁이 다소 의아했으나 내 서툰 일본어로는 이유를 물을 수가 없었다. 국사 시간에 조선조의 대표적인 왕으로 세종대왕과, 당파싸움에 탕평책을 쓴 정조에 대해서는 조금 배웠다. 실학의 발전과, 문화적으로 조선의 르네상스를 이룬 정조의 업적과 수원에 이뤄놓은 사적(事蹟)들에 대해서도 얕은 상식은 있었으나 생각이 거기엔 미치지 않았다. 그때는 6·25의 전흔을 극복 못 한 국민이 생업으로 바빠 문화재에 관심을 덜 두었고, 당국에서도 문화재 재건에 힘을 기울이지 못했을 때였다.

일본 손님은 나의 서툰 일본말 탓인지 농촌진흥청의 시설이 기대에 못 미쳤는지 질문이나 일본인 특유의 '하'하는 감탄도 없이 호숫가에서 사진만 몇 장 찍었다. 거의 어색한 한나절을 보내고 나서 나는 뭔가 잘못되었다는 것을 눈치챘다.

그 2~3년 후(1975년)엔가 수원 화성(水原 華城) 복원 공사를 시작한다는 보도에 아차 싶었다. 일본인이 정조의 위대한 업적까지 다 파악했는지는 모르지만, 수원 화성이 건축이나 미학적으로 뛰어난 동양 성곽의 백미(白眉)라는 것을 나보다 먼저 안 것을 생각하니 부끄러웠다. 일본의 자랑인 오사카성(大板城), 성 둘레에 여러 겹의 호를 파고 다양한 형태의 성벽으로 겹겹이 둘러싼 중심부에 전체를 조망하는 높은 누각 천수각(天守閣)을 세운 그 성과 비교하려 했을까.

높은 곳인 성(城)의 누각이나 봉수대에서는 적의 동태를 살필 수 있어서 국방에 필요한 긴요한 것이었다. 수원 화성이 복원되어 1997년에 유네스코 세계문화유산으로 등록된 이후 수원 화성에 가서 사방이 트인 팔달산 능선을 따라 세워진 성벽을 만져도 보고 좋은 전망을 즐기며 걸어본 일이 있다.

어렸을 때 옥녀봉에서 넓은 시야로 자연을 바라보고 성경 얘기로 지식의 시야도 넓혔다고 자만했던 나의 어리석음이라니. 50여 년 전 한국에 왔던 일본인과는 몇 년간 카드를 주고받았지만, 수원 건에 대해 미안한 의사를 전하지 못하고 연락이 두절되었다. 외국인으로서 정조의 열렬한 팬인 그 여교수가 복원된 수원화성을 다녀갔다는 전언을 들었기에 더욱 미안하다.

그동안 살아오면서 후회와 변명해야 할 일이 그 일뿐일까. 강물은 흘러가 버려서 허무하고, 그윽한 꿈을 간직할 수 있는 호수를 좋아했기에 여교수의 정조에 대한 존경심을 알아채지 못했으니 죄송하다고 말도 안 되는 사과의 말을 마음속으로만 되뇌고 있을 따름이다.

[2024.]

운이 좋아서

사무실에 들어서니 책상 몇 개가 비워있었다. 여느 때 같으면 남보다 일찍 출근해서 문간의 녹음기 앞에 앉아서 전날 녹음한 테이프를 잘라내는 편집을 하던 Y선배, 시속 몇 km로 한강 다리를 건너서 25분 만에 출근했다고 당시 많지 않던 마이카족으로서 과속운전을 뽐내던 K선배, 평소 책상에 테이프와 책을 높게 쌓아놓았던 M피디 책상도 말끔했다.

1980년 신군부의 언론 통폐합 조치로 비판 언론인들을 강제 해직시킨 일은 충격이어서 잊히지 않는다. 내게 제작의 기초를 알려주고 도움을 주었던 H선배의 빈 책상을 바라보다가 눈길을 돌려 다른 동료들을 보니 모두 침울하게 앉아 있었다.

그때는 인간적인 헤어짐에 대한 섭섭함이었지만, 시간이 지나면서 남은 사람들은 대개 학부형인 그들이 생활과 학자금은 어떻게 할까 하는 실제적인 걱정으로 이어졌다. 미국으로 이민 간 동료도 있고 일단 유학을 떠난 이는 괜찮은 편에 속했다. 학원 영어 강사와 과외 공부 선생님을 하는 이도 있고, 부인이 보험설계사를 하고 내복 가게를 열었다고도 했다. 회사에 남아있던 어떤 동료는 명절마다 과일과 쌀을 보내어 위로하고, 몇몇은 학자금을 모아주는가 하면 내복 가게에 가서 많이 구입하고 보험에 들어주는 등 작은 도움을 주었다고 한다. 나는 한 동료 부부를 북한산에 있는 고급 음식점에 초대하여 위로랍시고 대접했으니 생활 대책이 막연한 이에게 너무 어울리지 않은 처사였다.

직장에 남아있던 우리도 어두운 세태와 환경에 시달리느라 해직 동료들에 관한 관심도 희미해져 갈 무렵 어느 시인의 작품을 보고 다시 생각하게 되었다. 독일의 극작가, 시인 베르톨트 브레히트(Bertolt Brecht, 1898~1956)의 《살아남은 자의 슬픔》이라는 시집이 1980년대에 김광규 시인의 번역으로 알려졌는데 그 안에는 시집 제목이기도 한 〈살아남은 자의 슬픔〉이 있었다.

　물론 나는 알고 있다./ 오직 운이 좋았던 덕택에/ 나는 그 많은 친구보다 오래 살아남았다./ 그러나 지난밤 꿈속에서/ 이 친구들이 나에 대하여 이야기하는 소리가 들려왔다./ "강한 자는 살아남는다."/ 그러자 나는 자신이 미워졌다.

브레히트가 1942년 초에 쓴 시의 원제는 〈나, 살아남은 자〉인데, 김광규 시인의 번역대로 우리에게는 〈살아남은 자의 슬픔〉으로 알려졌다. 브레히트가 50대 중반에 쓴 시로 1, 2차 세계대전 중에 많은 이들이 죽은 것을 보고 살아남은 자신이 운이 좋았다고 여겨서 쓴 것 같았다. 그는 〈사상의 명부〉(1941)라는 시에서 실제로 먼저 간 친구들을 밝혔다. 모스크바에서 병사한 슈테판, 스페인 국경에서 자살한 벤야민, 베를린 시대의 영화감독 콕호 등이었다. 나는 일찍이 6·25전쟁, 4·19혁명 등에서 살아남았으니 운이 좋았는가. 1980년대 젊은이들은 민주화의 투쟁에서 목숨을 많이 잃고, 고문당해 정신이상이 되고, 감옥에 가기도 했다. 그런 암흑 속에서 살아남은 자들도 브레히트처럼 '오로지 운이 좋아서'가 아니라 '더 강해서'라고 말을 할 수 있을까. 나의 생존의 이유를 나 자신의 힘으로 돌리는 '나'. 그렇다면 '살아남지 못한 친구들'은 그들이 '덜 강해서' 살아남지 못했단 말인가? 나는 민주화 과정에서 살아 있는 자와 해직에서 살아남은 자들이 희생된 사람들보다 더 강해서라거나 약해서라는 생각도 하지 않고 살아왔다.

몇 년 후 독일영화 《타인의 삶》(Das Leven der Anderen, 2006 독일)에서 그야말로 운이 좋은 사람을 만났다. 플로리안 헨켈 본 도너스마르크라는 긴 이름의 각본·감독 작품의 이 영화는 베를린 장벽이 무너지기 전 동독(東獨)이 무대로 펼쳐진다. 동독의 비밀경찰 비슬러(울리히 뮤흐 扮)는 서독과 가깝다고 의심되는 동독 최고의 시인·극작가 드라이만(세바스티안 코치 扮)과 인기 여배우 크리스티(마드리나 게덱 扮) 부부를 도청, 감시한다. 사소한 문제까지 타이핑하고 보고해서 체포하기 위한 중대 임무를 수행한다. 감쪽같은 도청 장치로 감시하다가 두 연인의 아름다운 사랑과 예술을 좋아하는 모습에 감동한다. 드라이만이 존경하는 스승의 죽음을 애도하며 크리스티에게 들려주는 피아노 연주 베토벤의 《아름다운 영혼의 소나타》를 들으며 냉혈한의 가슴에도 위로가 되어 눈물을 흘린다. 드라이언의 빈집에서 책상 위에 있던 브레히트의 시집 《살아남은 자의 슬픔》을 갖고 와서 읽는 비슬러의 눈가에 비치던 눈물의 장면도 잊히지 않는다. 그동안 이념과 체제에 저당 잡힌 채 '타인의 삶'을 살아온 자신에 대한 회한으로 그의 마음은 변하기 시작, 자신의 주체적 삶을 회복한다. 비슬러는 당국에 거슬리는 그들의 행동을 보더라도 보고서를 허위로 작성하여 보내기로 마음을 바꾼다. 결국 감시 소홀로 자신은 우편배달부로 좌천되었지만, 진정한 자아 찾기를 할 수 있었던 비슬러는 운이 좋은 사람에 속할 것이다.

해직되었던 이들도 10년 만엔가 복직의 기회가 주어졌고, 민주화 투쟁에서 살아남은 이들 중엔 이른바 출세한 이도 있으니 그들도 운이 좋아서인가.

오랫동안 불의와 싸우는 데 앞장 서지 못하고 비겁한 침묵의 관찰자로 오래 살아남은 생존자인 나는 운이 좋아서였다고 말할 수 있을까.

[2023. 3.]

아르페지오네 소나타를 꿈꾸며

깊어가는 겨울밤 감미로우면서도 애틋함이 묻어나는 슈베르트의 아르페지오네 소나타를 듣는다. 가난한 슈베르트도 오스트리아의 대지주 에스테르 백작의 딸들에게 피아노와 성악 교사로 지내는 동안엔 경제적 어려움 없이 작곡하며 안정된 생활을 할 수 있었다. 처음 에스테르 하지에 갔던 것이 1818년, 1824년에 두 번째 초청을 받았을 때는 딸들이 성장하여 18세가 된 카롤리네와 슈베르트(Franz Peter Schubert, 1791~1828)는 사랑에 빠졌다. 그러나 신분의 차이로 사랑이 지속되기 어려워져서 실의를 안고 빈으로 돌아온 슈베르트. 어느 날 우연히 빈의 거리에서 카롤리네와 슈베르트는 뜻밖의 재회를 하고 함께 지내게 되었다. 그러나 얼마 안 가 카롤리네가 이별의 편지를 남기고 사라져 절망한 슈베르트는 건강까지 나빠졌다.

   암담한 상황에서 슈베르트는 그해(27세 1824)에 몇 달 동안 입원했다가 퇴원 후 우울증에 시달리면서 아르페지오네 소나타를 작곡했다. 초상화를 그려줬던 레오폴트 쿠벨비저에게 보낸 편지에서 슈베르트는 육신의 쇠약과 마음의 괴로움을 호소했다. 자신의 '건강이 영원히 정상으로 돌아갈 수 없는 세상에서 가장 불행한 인간'이라고 절망하면서 "슬픔에 의해 만들어진 작품만이 사람들을 가장 즐겁게 할 수 있다. 슬픔은 정신을 강하게 한다."라고 다짐하기도 했다.

아르페지오네 소나타는 원래 빈센초 슈스터라는 아르페지오네 연주자를 위해 작곡한 곡이다. 빈의 게오르그 슈타우퍼가 만든 악기인 아르페지오네는 6개의 현으로 되어 있어 '기타 첼로'라고도 불렸다. 그런데 어쩐 일인지 이 악기는 인기가 없고 별로 쓰이지 않아 곧 대중에게 잊혀진 악기가 되었다. 지금은 독일 라이프치히 대학의 음악박물관에 한 대가 보관되어 있다고 한다. 아르페지오네라는 악기 연주용으로 쓰인 작품 역시 슈베르트의 작품이 유일하게 남았는데, 오늘날에는 아르페지오네 대신 첼로로 연주되는데도 명칭은 아르페지오네 소나타로 부르며 널리 사랑받고 있다.

어느 날 유튜브에서 이 음악연주를 보던 중에 유난히 첼리스트들의 이마에 땀이 맺혀 있는 것을 보았다. 한 시간이 넘는 교향곡 연주에서도 연주자들이 땀 흘리는 것을 별로 본 기억이 없던 나는 의아했다. 알고 보니 원래 아르페지오네용으로 작곡했던 곡을 첼로로 연주하기 때문에 고음부의 빠른 패시지(급하게 높고 낮은 선율의 사이를 왔다 갔다 함) 부분이 매우 어려운 데다가 리듬의 변화까지 많아 다른 음악 보다 연주하기가 힘들다고 한다. 그러나 듣는 이들에겐 이 소나타의 선율이 너무나도 아름다워 정작 첼리스트가 얼마나 애를 쓰며 연주하는지 눈치를 채지 못한다는 것이다.

42년의 전통을 자랑하는 우리 수필문우회가 종전의 추천, 동의로 회장을 맡아오던 전통을 깨고 회원들이 선출하는 방식으로 회장이 정해졌고 임원진도 바뀌었다. 막상 회장의 중책을 맡게 되니 그동안 회원으로서만 참가했지, 책임과 노고에 무심했던 걸 뉘우치게 된다. 전통적인 월례 합평회를 이끌고 회원의 친목 도모와 애경사 등을 살피며 회원 각자의 실력 향상에 도움이 될 수 있는 일, 좋은 수필을 쓰도록 독려하며 수필의 질적 향상이라는 명제에 부합하는 〈계간수필〉 편집과 발행, 신인 작가 발굴 등등 다른 수필모임에서 부러워할 만큼 좋은 분위기를 유지해 주는 일이나 회원에게 긍지를 갖도록 지원하는 일이 당연한 일로 알았던 것이다.

회장의 처지가 되고 보니, 아르페지오네 소나타를 소리로만 들을 때 첼로 연주자들의 노고를 잘 몰랐던 것처럼 어려운 점을 표현하지 않고 의연하게 감당하셨던 전임 회장님(초대 회장 김태길, 철학자 학술원 회장 외)들의 노고를 되돌아보게 된다. 사실 우리 수필문우회의 역대 회장님들은 학계에서나 사회적으로, 문단에서도 일가를 이뤄 존함만으로도 존경받는 분들이었다. 그분들이 수필문우회의 회장이라는 사실만으로도 타 문학회 수필가들의 선망의 대상이었던 것이다.

음악사상 가장 짧은 생애를 살았던 슈베르트는 창작력이 샘처럼 솟아나서 아름다운 작품을 많이 남긴 것으로도 유명하다. 그리고 슈베르트의 현악 4중주곡, 현악 5중주곡 등 다른 실내악에서는 비극적이고 격정의 냄새가 있어서 아르페지오네 소나타를 처음 들을 때는 슈베르트의 작품으로서 다소 의아하게 생각되기도 하는 작품이다. 우울할 때 작곡했어도 아르페지오네 소나타는 애잔함 속에 성찰하는 듯하고 우아함이 담겨있어서 사랑받는다.

  문학이, 수필이 일반 독자들의 관심에서 멀어져 버린 세태이다. 문학이 외면받는 시대이지만, 수필문우회원들도 슈베르트처럼 창작력이 샘솟고 성숙된 재능으로 꾸준히 좋은 수필을 발표하여 우리 문단의 발전에 앞장서서 기여하기 바란다. 그리고 회원들끼리도 좋은 화음을 이뤄내는 명곡처럼 일반인에게나 문단에 영향력 있는 모임이 되기를 소망한다.

  학문적으로, 문학세계와 인망이 두터워서 회원들이 흠모하고 본받고자 했던 이전의 회장님들, 학문이나 덕망으로 후배들의 길을 안내해 주셨던 회장님들이 그립다. 문학의 깊이와 경륜이 모자란 처지에서, 일반인들은 미처 헤아리지 못하지만 아르페지오네의 아름다운 소리를 내기 위하여 첼로로 땀 흘리며 애써 연주하는 것처럼 노력해야 할 것이다.

  기세 좋게 올리지는 못했지만 주변에서 우러러보던 수필문우회의 높은 깃대 위에서 전통을 지키는 깃발로 휘날리고 싶다.

[2023. 12.]

마법의 양탄자처럼
― 로드리고의 《아란후에스 협주곡》

　스페인 궁전이라면 기타 독주곡 《알람브라궁전의 추억》을 떠올리는 이들이 많을 것이다. 마지막 이슬람 왕조가 있었던 그라나다의 알람브라궁전을 찾은 느낌을 기타의 트레몰로 주법으로 화려하게 묘사한 프란시스코 타레가의 《알람브라궁전의 추억》. 이 기타 독주곡은 남의 나라 역사이지만 과거에 대한 아득한 동경으로 우리를 이끌어간다. 또 하나 마드리드 남쪽 아란후에스에 있는 18C 부르봉왕조의 여름 궁전에서 힌트를 얻은 기타 협주곡 《아란후에스 협주곡》도 스페인의 영화와 전설이 서려 있는 궁전으로 우리에게 색다른 감흥을 주는 음악이다.
　《알람브라궁전의 추억》 작곡가인 타레가(Francisco Tarrega Eixea, 1852~1909)보다 49년 후 태어난 로드리고(Foaquin Rodrigo Vidre, 1902~1999) 작곡의 《아란후에스 협주곡》, 타레가의 《알람브라궁전의 추억》, 이 두 작품은 스페인뿐만 아니라 세계적으로 사랑받는 기타 음악이다.
　나이 든 이라면 지금은 없어졌지만 KBS 2TV '토요명화'(1980~

2007) 시그널 음악으로 쓰인 기타 협주곡을 기억할 것이다. 잉글리시 혼이 아름답고도 애잔한 주제를 연주하다가 기타가 주제를 받아 더욱 발전 시켜가는 기타 협주곡 2악장은 그날 방송될 영화에 대한 상상으로 가슴을 설레게 했었다.

마드리드 남쪽 40km 지점에 있는 '아란후에스'는 고원(高原)의 아름다운 도시로 16C에 세워진 궁전들이 있어서 옛 스페인의 역사를 되새겨보기 좋은 곳이라고 한다. 울창한 나무들이 아름다운 넓은 정원과 분홍빛 대리석으로 된 아름다운 궁전. 스페인 왕조시대에 지었던 훌륭한 궁전들은 여러 번의 화재로 없어지고 현재 남은 것은 카를로스 4세가 지은 것인데 그 아름답고 웅장함이 음악만 듣고도 우아하게 연상된다. 그 아름다움 때문에 '작은 베르사유궁'으로도 불린다고 한다. 로드리고는 화려했던 스페인의 역사와 영화(榮華)에 대한 향수로 이 협주곡을 엮었다.

이 음악은 1백만 명의 인명이 희생된 스페인 내전의 비극, 그 비극을 딛고 일어선 스페인 국민에게 다시 한번 용기와 희망을 주었다고 하니 더욱 의미가 있게 들린다. 기타 음악의 정통성을 세워줘서 슬픔에 젖은 스페인 사람들에게 기타란 악기에 대한 자부심까지 주었다고 한다.

이런 위대한 음악이 한 치 앞도 안 보이는 시력 장애인의 작품이라는 사실이 놀랍기만 하다. 가슴으로 사물을 느끼고 영감으로 손가락을 움직여서 악보를 적어나간 작품이라는 것만으로도 눈물겹다.

로드리고는 발렌시아 주 소도시에서 태어나 세 살 때 앓은 디프테리아의 후유증으로 시력을 잃었는데 힘든 상황에서도 음악 공부를 했다.

1927년 26세에 파리로 유학을 가서 '에콜르 노르말드 파리'에서 폴 뒤카 교수에게 사사하며 그 무렵부터 《첼로협주곡》《바이올린협주곡》 등 발표로 명성을 높였다. 그러나 1936년 스페인 내전이 일어나자 파리에서 학위를 포기했다.

프랑스에서 만난 튀르키예 출신의 피아니스트 빅토리아와 사랑에 빠진다. 빅토리아 부모의 심한 반대에도 결혼한 후 장학금을 받고 아내의 도움으로 생활이 좀 나아졌는데, 1939년 파리에서 돌아온 3년째 되는 해 아내가 그토록 기다리던 임신을 했지만 그만 유산하고 말았다. 유산한 아내의 몸과 마음을 달래주기 위해 아란후에스로 여행을 떠난 로드리고. 그는 여행에서 받은 궁전에 대한 감흥과 부인을 위한 마음을 담아 작곡했다.

아란후에스에서 빅토리아는 로드리고의 눈이 되어 옛 왕궁의 화려한 풍경을 설명해 주었다. 로드리고는 아내의 손을 잡고 벽을 더듬어가며 맘에 담아 어떻게 표현할까 궁리했다. 자기를 낳아준 조국 스페인의 춤곡을 바탕으로 민속적인 색채와 고전적인 음악 방식을 통합하는 아름다움을 추구했다. 그런 의도가 성공하여 현악·목관악기·금관악기의 어울림이 천상의 조화를 이루어 후세의 사람들은 '행복을 담은 사랑의 노래'라고 칭송한다. 여행에서 돌아온 로드리고는 음악적인 성격을 스페인적인 색채로 하기로 했지만, 이 곡을 쓰면서 악보에 '콘베르사피온 꼰 디오스'(신과의 대화)라고 적었다. 부인에 대한 사랑과 상상으로 떠올린 왕궁의 이미지를 한 땀 한 땀 엮어 짠 양탄자같이 안식과 평화를 주기도 한다. 기타와 첼로가 완벽한 조화를 이루어 환상적인 아름다운 선율을 이뤄낸다. 유산하고 고통스러워하는 아내가 그 고통에서 벗어나게 해달라는 기도를 담은 선율이다.

자신은 눈이 안 보여 앞이 캄캄했지만, 부인이 고통에서 벗어나 밝은 앞날을 누리도록 곡을 쓴 로드리고. 섬세한 음감과 시정이 넘치는 환상이 느껴지는 이 음악은 부인을 위해 쓴 곡이지만 내전을 겪고 일어선 스페인의 청중과 비평가들에게 아낌없는 환호와 갈채를 받은 음악이다. 그의 출세작이자 명실상부한 기타 협주곡 역사상 최고의 히트곡이다. 작곡된 이듬해 12월 마드리드에서 초연되었을 때, 그 즉시 신속한 속도로 전 세계에 퍼져서 클래식 음악의 애호가뿐만 아니라 포퓰러 음악 팬들에게도 열렬한 환영을 받았다.

로드리고는 음량이 작은 기타와 오케스트라 사이에 치밀한 처리로 어느 부분에서도 기타가 오케스트라에 말려들지 않고 뚜렷하고 아름답게 작곡하여 기타 소리가 매력적으로 들리게 했다. 무엇보다도 기타의 특징을 잘 살려서 기교적인 아름다움을 느끼게 한 것이다. 특히 3악장의 기타와 오케스트라의 색깔 있는 표현이 훌륭하다.

나는 20여 분 연주되는 이 음악을 듣노라면, 느리고도 우미(優美)한 2악장이 마법의 양탄자처럼 천천히 아랑후에즈의 궁전으로 데려다줄 듯한 환상에 젖곤 한다.

[2023. 11.]

다양한 소재 탐구와 변화를 추구하며
– 문학 수업 나는 이렇게 했다

1. 습작 없이 데뷔한 용기

1970년대 초에는 수필 필자의 대부분이 타 장르의 문학인, 문학전공의 교수와 교육자, 예술인, 언론인들 이른바 유명인사들이었다. 수필 이론도 정립이 안 되어 프랑스 알베레스(Albérès, R.M. 1921~1982) 교수의 '수필 그 자체는 지성을 바탕으로 한 정서적, 신비적 이미지로 된 것'이란 말이 수필의 정의였고, 따라서 지성이 바탕인 정서로 표현의 묘미를 살려 문학적인 감흥을 주려고 한 짧은 글이 당시의 수필이었다.

등단작품과 첫 수필집 《돌아오지 않는 메아리》(홍은출판사 1972)는 이런 세태에서 수필의 개념도 모른 채 쓴 산문이었다. 등단과 첫 작품집 출간 후에야 본격적인 수필을 써야 한다고 자각했다. 당시에는 신문사, 백화점 문화센터의 수필 강좌도 없을 때여서 수필가 선배에게 수필을 배운다는 생각도 못 했다. 그래서 문학 수업이라기보다 나의 문학 자습기라고나 해야 할 것 같다.

글 쓰는 이들에게서 이태준(李泰俊, 1904~1978)의 《문장 강화》로 공부했다는 말을 들었으나, 그때는 월북 작가의 금서를 구할 수 없었다. 다행히도 1972년도에 창간한 월간 『수필문학』(발행인 김승우)지에서 대학교수들의 서정수필과 피천득·김소운·윤오영 등의 주옥같은 수필에서 수필의 매력을 발견했고, 주자청(朱自淸) 등 중국 작가들의 글과, 《영미수필선》(이창배 편, 을유문화사)에 세련된 수필을 읽었다. 찰스 램의 〈굴뚝청소부 예찬〉, 가디너의 〈우산 도덕〉, 밀른의 〈아카시아 길〉 등을 대하면서 수필이 다른 장르보다 폭넓게 독자를 수용할 수 있음을 느꼈다.

개인적으로 서정 수필을 지향했는데 자신의 체험을 열거하지 않고, 소재로 삼되 절제된 표현과 진솔한 문장으로 의미화, 형상화하여 주제를 드러내는 문학적인 수필을 써야 한다고 다짐하면서도 실전에서는 적용되지 않았다는 자백을 하지 않을 수 없다. 지식과 경험의 원숙함이나 철학적인 사고도 없이 재능 또한 부족하여 아득하게 생각하면서도 원고청탁을 받으면 마감일을 넘기지 않으려고 애쓴 경우가 많았다.

광복 이듬해 초등학교에 입학, 6·25전쟁도 겪었기에 선생님들께서는 나라 사랑과 올바른 인격 형성에 힘써주셨다. 6학년 때 "종소리처럼 남의 가슴을 울려주는 사람이 되라."고 해주신 말씀이 기억에 남았고, 중1 때 알퐁스 도데의 〈마지막 수업〉에서 나라와 모국어의 중요성을 절감하여 작가가 되고 싶은 꿈이 마음 한쪽에 자리 잡았다.

10대 초반까지 강경(江景)을 품고 흘러가는 금강(錦江)물을 보며 자란 나는 옥녀봉에 올라서 강물 따라 미지의 세계로 가고 싶었고, 꿈의 세계를 상상하노라면 가까이서 들리던 교회의 종소리, 또 멀리에 있는 나바위 성당에서 울려오는 은은한 종소리도 내 의식의 밑바닥에 자리 잡았다. 그러나 작가가 되어 남의 마음을 울려준다는 것은 추상적인 꿈이었다. 어렸을 때 외삼촌이 읽던 이광수의 《이차돈의 사》, 뒤마의 《진주탑》 등을 조금 읽었으나 글짓기의 기초가 될 순 없었다. 중2 때 공주여중으로, 중3의 2학기에는 대전여중으로 옮기게 되었고, 학교마다 다른 학습 진도 따라가기에 벅찼으며 친구 사귀기도 쉽지 않았다. 그때 결핍, 외로움에 문학작품과 다소 가까워졌다. 여고 2학년 때, 교내백일장에서 시 〈기러기〉가 우수작으로 뽑히고 국어 선생님께서 문과에 진학하라는 권유에 은근히 자랑스러웠다. 그러나 중학교 교사자격증이 나오는 2년제 대학에 입학, 4년제 대학생 친구들을 부러워하면서 세계 명작들을 좀 읽었다. 초급대에서 조교 재직 후, 다시 문학 전통이 있는 D대학교에 편입했을 때, 양주동·서정주·조연현·이병주 교수님들의 강의를 듣는 것으로도 마음에 날개를 단 듯했다.

졸업 후 MBC라디오에 입사했을 때, 당시는 업무과다 보다 제작 여건이 너무 열악하여 초조하게 마음 쓰느라 문학에는 관심도 못 가졌다. 1967년 11월, 신문의 '신춘문예 마감박두'라는 글씨가 크게 다가와서, 서둘러 K신문 시 부문에 응모했다. 대학 졸업반 때 『여원』 신인상에 응모하여 최종심에 올랐던 것을 고쳐서 냈더니, 최종심에서 일부를 인용하고 '현대문학에 기여할 만한 참신한 점'이 부족하여 다른 이를 당선자로 했다는 평이었다.

그 당시에 라디오프로그램은 드라마만 빼고는 거의 작가가 따로 없이 담당 PD가 원고를 썼다. 한 번 송출되면 기록으로 남지 않는 방송의 허무감에 빠지기도 했지만, 방송도 남에게 감동 주는 '종소리'일 수 있다고 위안을 삼았다. 그리고 문학 종합지나 여성지에서 수필 청탁이 오면 짧은 산문을 썼다. 1972년도에 방송 일화와 여성지에 발표했던 서정적인 산문들로 출판 준비를 했다. 그해 가을 MBC라디오 프로그램 연사로 김우종 평론가와 김후란 시인이 오셔서, 출판 의도를 말씀드렸더니 두 분이 수필가 추천 과정을 권하셨다. 그해 (1972년) 봄에 창간된 월간『수필문학』(발행인 김승우)에 그날 마침 김우종 선생님께서 본인의 원고 전달차 가시는 김에 저의 졸작 몇 편을 갖고 가셨다. 편집인이었던 김효자·박연구 선생님이 평론가(김우종) 추천이고 수준이 된다고 하시고 전무후무한 '신인 가작'으로 등단시켜 주셔서 감사할 따름이다.

2. 시대의 변화에 따라 방향과 발전 모색

『수필문학』(1972.12.)에 등단한 이듬해『수필문예』제5호(1973. 7, 1974년『한국수필』로 개칭)에 발표한 〈종소리〉를 편집인 고 박연구 선생(『수필문학』에서 옮김)이 '수필다운 글'이라고 칭찬해 주셔서 처녀작으로 삼고 있다. 종교의 심오함과 소망을 일깨워주었고 문학인의 사명감도 갖게 해준 종소리.

지난 1970년대는 우리나라가 경제성장을 목표로 몇 차례의 경제개발 5개년계획 등 현대화라는 이름 아래 변화와 발전을 이뤘다. 그러나 편의 위주로 발전은 진행되었지만, 사라져 가는 민족 정서의 계승이 필요해서 나의 수필은 한국의 미의식과 고향 사랑, 미풍 등 전통을 담는 그릇이어야 한다고 다짐했다. 〈초록 보리밭〉〈모과〉〈병풍 앞에서〉

〈바가지〉『수필문학』 등은 호평을 받았다.

1980년대에는 삶의 의미와 보람, 생명의 소중함과 신비, 존재의 아름다운 실상을 재현하여 독자에게 기쁨을 주고 의미와 가치의 재발견에 기울이려고 노력했다. 〈후문〉(1985년) 등이 해당된다. "〈후문〉은 등단 초기의 작품들처럼 과거에 대한 향수의 색채가 짙지만, 현대문명에 대한 비판으로써 시야가 확대되고 현대 쪽에 초점이 맞추어져 있다…." (『수필시대』 2008년 11~12월호 김우종 '유혜자의 수필세계' 중). 90년대 초기의 〈유언비어와 마술모자〉도 "이만큼 서정성 짙으면서도 어지러웠던 정치 풍토를 풍자한 글을 만나기는 그리 쉽지 않다. 명 시사 칼럼의 논리 정연함에 못지않은 정서적 호소력이 있다."(수필집《자유의 금빛날개》에 대한 임헌영 선생의 서평 중에서)는 평을 받았다.

1990년대 후반에는 수필 소재의 범위를 넓혀 클래식 명곡과 사랑의 언어가 교감된 음악에세이와 문화재 수필 장르를 개발하려고 하였다. 음악가들과 작품에 숨겨져 있는 위대한 면을 찾아내려고 했다. 작품에 얽혀있는 예술가들의 한과 고통과 사랑 그리고 작품 탄생 과정의 처절한 아픔을 독특한 눈으로 찾아보고, 지식과 상상력을 동원하여 재 창작물을 만들어 내는 테마에세이를 시도했다. 『월간에세이』(1995. 11~1997. 12.)와 주간 『기독공보』, 그리고 여러 수필지에 연재하여 음악에세이집 《음악의 숲에서》(1998년) 등 2021년까지 음악에세이집 여섯 권을 출간했다. 2천 년대에는 우리 문화재와 자연을 소재로 조국 사랑과 심미적인 즐거움을 주려고 문화재 에세이를 썼다. 『한국수필』에 문화재 산책 45회 연재(2011. 7.~2015. 4.) 좀 더 승화된 문화재 수필을 써보려 했으나 전문성 부족과 편견에 치우칠 수 있고, 평범한 기행 수필에 머물기 쉬워서 오래 쓰지 못해 유감이다.

3. 오래 쓴 필자로서의 변명

　수필에는 필자의 성정이나 인격의 분위기가 드러나기 쉽다. 맑고 반듯하고 사랑이 있는 품성으로 간곡한 정서를 풀어내야만 듣기 좋은 종소리가 되지 않을까. 삶의 목표와 가치관에 관한 철학적 탐구와 논리적 사고를 부드러운 화법으로 써서 설득력을 높이고 싶다. 유쾌한 상상력과 발랄함으로 활기를 잃어가는 현대인에게 판타지를 주고도 싶다. 그러나 격조가 있으며 그윽한 여운을 남기려는 것은 과욕인가.

　옛날부터 어느 분야에서나 '10년이면 문리(文理)가 트인다.'라는 말이 있는데, 게으르고 무능한 탓인지 등단 50년이 넘었어도 아득하기만 한 글쓰기. 어렸을 때 듣던 종소리가 곁에서 사라진 지 오래지만 감히 '남의 가슴을 울려주는 종소리'는 아직도 마치지 못한 나의 숙제이다. 감히 메마른 현대인의 가슴에 잠들어 있는 행복의 가능성을 흔들어 깨우고 싶다.

　그러나 작품 청탁이 오기 전에 미리 한 작품이라도 써놓고 퇴고하는 습관을 기르지 못한 것이 뻔뻔스럽다고 할까. 유명 문인들은 사후에 유작이 발굴되어 더욱 문명을 높이기도 하던데. 이제는 나이 들어서 청탁이 오면 못 쓰겠다고 사양을 많이 한다. 그런데 젊어서는 마감 기일에 펑크 내지 않으려고 미흡한 원고를 그대로 보내는 만용을 자주 부렸기에 수필집을 엮으면서 후회도 했다. 한편, 돌아보면 그때마다 부족한 원고를 폐기하고 단념했더라면 일찍이 절필도 하지 않았을까, 하는 해명 아닌 변명도 하게 된다. 어설픈 문학 수업은 지금도 계속 중이다.

[2024.]

'후제'의 힘으로

어렸을 때 문방구류가 필요할 때 '사 주세요' 하면 돈을 주거나 물건을 사준 할머니가 고급 물건을 사달라고 조르면 단호한 거절 대신 "후제 크면 사줄게."라고 하셨다. 그때는 '후제'라는 말이 '뒷날의 어느 때' '나중에'의 충남 방언이라는 것을 정확히 몰랐어도 언젠가 가능하리라는 희망을 품게 했다.

6·25전쟁 때, 9·28수복 후 고향으로 돌아온 할머니는 폭격으로 불탄 집터를 돌아보며, 어머니가 시집올 때 써온 서첩을 피난 때 못 챙겨서 불타버린 걸 어머니에게 미안해하셨다. 무학이었지만 성경이나 옛날 소설, 신문 연재소설 등을 틈틈이 읽으셨던 할머니. 나도 자연스럽게 『소학생』 『소년』 등 철 지난 잡지를 곁에서 읽었다. 전쟁을 겪은 우리에게 "종소리처럼 남의 마음을 울려주는 종소리가 되라."라고 하신 선생님의 말씀을 생각하며 잡지에서 재치 있는 글을 읽으며 부러웠지만, 나는 글을 쓸 만한 재능이나 용기가 없었다.

여고 시절 교내백일장에서 시가 우수작으로 뽑혀 대학 문과에 진학, 졸업 후 K신문 신춘문예에 응모하여 최종심까지 올라간 것을 끝으로 시작(詩作)을 단념하고 직장(라디오 PD) 일에 전념했다. 그러나 한 번 전파를 타면 기록되지 않고 흩어지는 방송일이 아쉬워 방송 삽화와 산문집을 엮은 것을 계기로 수필가로 등단하게 되었다. 그때가 마침 우리 현대수필의 중흥을 위하여 조경희 선생님이 한국수필가협회를 창립(1971년)하신 얼마 후였고, 1972년에는 수필전문지 『수필문학』(발행인 김승우)이 창간되어 1930년대에 발아된 현대수필의 중흥이 시작된 무렵이었다.

나는 재능보다도 타이밍이 잘 맞는 운이 있었다. 일찍 등단한 데다 당시 희귀 직업인이었기에 원고청탁을 많이 받았다. 수필에 대한 이론도 정립되지 않았고 문예 교육하는 곳도 없을 때여서 수준작도 못 썼다. 그러나 돌아보면 대선배들의 관심도 받고 사기를 돋워주는 경우도 많아서 한동안은 조금씩 성장할 수 있었으니 고마울 따름이다. 문단에서 다른 장르보다 제정된 상(賞)이 적지만, 책을 비교적 많이 내다보니 심사 기준에 맞아서 남보다 일찍 많은 상을 받은 셈이다.

문학이 외면받는 현대에도 탁월한 작품을 쓰는 후배들이 많아서 고맙고 반갑다. 일찍 등단했기에 선배의 혜택을 받았고 완성도 높지 않은 글로 많은 상을 받은 것을 송구스럽게 생각하던 중, 많지 않은 상금으로나마 후배들의 사기를 높여줄 수 있었으면 하고 감히 유혜자수필문학상을 제정하게 되었다는 나의 고백이다.

아름다운 삶을 누리지도 못했지만, 조금 고단한 날들을 지나면 '후제 네 뜻대로 이루리라'는 생략된 할머니의 예언이 있었을까.

[2023. 10.]

| 부록 |

본격 테마 수필의 정수, 음악의 바다에서 건져 올리는 문학 편지

-유혜자의 음악에세이 2 《차 한 잔의 음악읽기》를 중심으로

최원현
수필가, 문학평론가
수필창작문예연구원 원장
한국수필가협회 명예이사장

들어가며

수필가 지석(芝石) 유혜자(柳惠子)는 1940년 충남 강경에서 태어나 대학에서 국어국문학을 전공하였고, 1967년 MBC 라디오 프로듀서를 시작으로 30년을 넘게 방송국에서 살아온 방송인으로 퇴직 후의 지금에도 방송위원회 심의위원으로 있으니 그의 평생은 숙명적으로 방송과는 불가분의 인연인 것 같다.

방송 특히 방송 제작의 일이란 고도의 능력을 요구하는 창작활동이다. 그런 그였기에 말을 소리로, 또는 글로 만들어 내는 일에는 오히려 삶 속에서 너무나도 자연스러운 일이었는지도 모른다. 그러나 창작이 어찌 자연스럽게 흘러나오는 것들이겠는가. 창작의 고통을 그는 생활화한 지 이미 오래였고 그래서 그의 창작활동이 자연스럽게 보였을 것이다.

유혜자는 1972년 당시 유일한 수필전문잡지였던 월간 『수필문학』(발행인 김승우)에 〈청개구리의 변명〉이 신인 가작으로 당선하여 문단에 데뷔하게 된다. 그리고 1973년 지금의 『한국수필』(발행인 조경희)의 전신인 『수필문예』에 수필 〈종소리〉를, 『수필문학』에 〈초록 보리밭〉을 발표하면서 수필가의 진면목을 과시하게 된다. 그는 1975년 『한국수필문학대전집』에 〈달빛에 담는 사연〉 등 6편이 수록되었으며, 1984년부턴 동아일보에 '여성칼럼'을, 1986년부터 1993년까지는 서울신문에 칼럼 '굄돌'을, 1995년부턴 『월간에세이』에 26개월에 걸쳐 '음악에세이'를 연재했는가 하면 현재도 『기독공보』에 '유혜자의 음악에세이'를 연재하고 있다.

그런데도 그는 수필계에 의외로 크게 알려져 있지 않다. 30년을 넘는 세월을 얼굴 없는 방송인으로 방송국에서 묻혀 있다시피 했으니 좋은 수필을 많이 발표했음에도 그를 직접 만나본 사람이 그리 많지 않고 또 다른 사람 앞에 잘 나타나지 않으려 하는 그의 성정 때문이기도 했으리라.

유혜자는 그간 《돌아오지 않는 메아리》(1972년), 《거울 속의 손님》(1977년), 《세월의 옆모습》(1982년), 《어머니의 산울림》(1985년), 《절반은 그리움 절반은 바람》(1992년), 《자유의 금빛날개》(2002년)를 내었으며, 수필선집으로 《꿈꾸는 우체통》(1999년), 《종소리》(2000년), 그리고 음악에세이 《음악의 숲에서》(1998년), 이번에 낸 《차 한 잔의 음악읽기》(2004년)가 있다.

그는 이미 현대수필문학상(1982년), 한국문학상(1992년), 한국수필문학상(1997년), 한국펜문학상(2002년) 등 수필가로서 받을 수 있는 한국에서 가장 권위 있는 문학상을 다 수상하였으며, 방송인으로서도 한국방송 대상(1998년)을 수상하여 문학과 방송이라는 두 마리의 토끼를 다 잡은 역량 있는 그러면서도 때마다 확실한 인정도 받는 대단히 운도 좋은 작가이다.

그러나 그는 자기만의 독특한 지적 세계를 테마로 하여 어느 누구보다 더 긴 잉태의 기간을 거친 고통의 분만을 통해 수준 높은 수필을 탄생시킨다. 무엇보다 절제된 간결한 언어 구사로 자칫 감정적으로 흘러가 버리기 쉬운 내용들을 무서울 만큼 절제하여 품위를 확보해 내는 것이다. 그래서 유혜자가 좋은 수필 작가라는데 한 점 의구심도 가질 수 없는 것이다.

유혜자의 수필

1. 음악과 바다

유혜자의 수필은 그의 성격만큼이나 깔끔하다. 하기야 영 점 몇 초의 순간 전쟁이라 하는 방송인으로 살아온 그였으니 작품 속에서도 그런 완전성이 나타날 수밖에 없으리라. 그러나 그것은 단순한 작가의 성격만이 아니다. 청취자 또는 독자에게 최고 품질의 상품을 제공해야 한다는 생산자적 양심과 소명 의식이 더 절실할 것이다.

유혜자는 그야말로 장인(丈人)이다. 안 하려면 몰라도 하려면 최소한의 완전성, 곧 도자기를 굽는 도공처럼 그가 심혈을 기울인 가마 속의 도자기가 햇볕을 받았을 때 그의 마음을 만족시키는 게 없다면 가차없이 깨트려 버리는 도공(陶工) 같은 장인정신이 유별난 작가이다. 더 이상 좋게는 할 수 없는, 그가 할 수 있는 최선을 다하고야 마는, 작가 정신이 투철한 작가이다.

그의 수필적 특성은 시간을 중시하되 과거 현재 미래를 잘 어우르는 순리로운 작품을 빚어낸다는 것이다. 수필이 대개 그렇지만 특히 그의 수필에선 과거를 아주 중시하여 그 과거 속 사건을 기억의 미학으로 아름답게 승화시켜 낸다.

삶이란 끊임없이 과거를 생산해 내는 작업이라 할 수 있다. 그러나 현재로부터 과거라는 이름으로 흘러가는 삶에서 유혜자는 그냥 흘러가게 하는 것이 아니라 일단 흘러간 것으로부터 더 소중한 추억을, 그리고 의미로 살려낸다. 마치 살아있는 자가 죽으면 묻히게 되는 무덤으로부터 생명이 떠나간 이후에 미처 알지 못했던 보물들을 찾아내고 그것을 햇빛 속으로 내놓는 것처럼 그의 수필은 읽는 이에게 아하 그렇구나 하는 공감을 아주 크게 하게 한다.

유혜자의 수필적 특성으로 하나 더 든다면 테마 수필이다.

수필가들은 자기 기억 속에 숨어 있는 기억을 조금씩 발굴해 내어 작품화하기 마련이지만 유혜자는 과거의 것에 집착하는 것이 아니라 흘러간 과거를 과거로 그렇게 흘러가게 해놓고 다만 그 기억 속에 묻혀 있던 그만의 삶의 향기를 찾아내어 수필이란 형식 그것도 하나의 테마로 연결고리를 갖는 테마 수필을 구축해 낸다.

곧 한 번에 잘 익은 술을 얻어내는 독특한 심화 과정을 쓴다고 하겠다. 대개의 사람이 갖는 공통점은 흘러가 버린 과거에 대한 추억이나 향수는 그저 그리움 정도로 가슴에 간직하고 삶의 여울마당에서 그것을 조금씩 생각해 내고 꺼내어 보는 것으로 과거와 현재를 연결하거나 현재의 자기를 위안받곤 한다. 그러나 유혜자의 수필은 그것을 과거의 것이면서 현재에 공감하고 동감케 하는 마력이 있다는 것이다. 과거의 것을 현재에 재생시켜 주는, 작가가 독자를 과거로 안내한다기보단 독자가 그들 나름의 과거 기억을 끄집어내어 그 기억속으로 들어가는 통로를 유혜자의 수필을 통해 갖는다는 것이다.

그것은 남의 작품을 읽고 느끼는 감동보다 더 진한 감동을 느끼게 되며, 대리만족의 개념이 아닌 실제 체험적 감동의 극대화를 얻는 것이다.

그렇기에 유혜자의 과거 속 시간여행은 현실인 양 인식되는 착각을 갖게 하며, 그것이 시간적 공간적 제한을 깨트리며 이미지화해 내는 묘한 감동의 시너지효과를 가져오게까지 한다.

이러한 관점에서 유혜자의 두 번째 음악에세이 《차 한 잔의 음악읽기》는 또 하나의 인식변화를 예상케 한다. 곧 음악은 듣는 것이지 보는 것은 아니라는 관념을 '읽기'에서 '보기'로 바꿔내며 일종의 '내 안의 혁명' 같은 반란을 자극해 낸다.

2. 음악의 바다에서 건져 올린 문학 편지

그는 작곡가도 연주가도 지휘자도 아니다. 그러나 그는 작곡가 연주가 지휘자를 다 조종할 수 있는 능력이 필요한 사람이다. 그런 그가 수십 년간 보고 듣고 겪고 실제로 해낸 무수한 시행착오와 깨달음 속에서 '음악'이라는 한 완성품에 대해 제삼자적 입장에서 보고 듣고 느끼고 생각한 것을 쓴 음악에세이는 그런 것이 있다는 것만으로도 흥분을 촉진 시키는 것이 아니겠는가.

더구나 수 세기 동안 사랑을 받아왔거나 더러는 얼마큼은 잊혀지고 묻혀 있던 것들까지 들춰내어 밝은 햇볕 아래 펼쳐놓고 이것은 이렇고 저것은 저렇다고 화두를 열 때 수필가 유혜자는 어쩌면 순간적 최상의 오르가즘을 느꼈을지도 모른다.

그의 손안에 든, 그의 생각의 잣대 안에 오른 비평의 대상인 대작들이 아무 반항도 못 하고 그의 처분만을 받는다고 생각해 보라. 그러나 유혜자는 참으로 겸양의 덕으로 자신을 절제하며 숨어 있는 위대한

면을 찾아내려 한다.

음악과 함께 얽혀있는 예술가들의 한과 고통과 사랑 그리고 작품을 탄생시키는 처절한 아픔을 유혜자의 독특한 눈, 그만이 할 수 있는 넘치는 지식의 눈에 상상력을 동원하여 만들어 낸 재 창작물이 바로 이 음악에세이일 것이다.

'바다는 잔물결이 반짝이는 가슴으로 아침을 맞는다.' 유혜자의 두 번째 음악에세이《차 한 잔의 음악읽기》의 처음이요, 첫 작품인 〈모차르트의 바다〉 시작 문구이다. 하필 왜 모차르트를 바다에 비유했을까. 작가는 '파도는 바다가 내보이는 자기표현'이라고 했다. 그것은 '창조'라는 것이다. '부딪히며 치솟았다가 허물어져 내리는 변화무쌍한 파도, 파도는 끊임없이 창작곡을 썼던 모차르트를 생각나게 한다.'라고 했다. 35년의 짧은 생애에 6백여 작품을 남긴 음악의 천재 모차르트, 그의 영감, 무한한 작품력을 작가는 바다로 본 것이다. 그러나 그것은 모차르트에 국한된 것이 아니다. 그는 첫 번째 음악에세이《음악의 숲에서》의 서문에서 이미 '음악은 바다이다. 가없는 하늘 우주와 맞닿은 수평선 망연(茫然)한 바다, 바다는 시원과 영원이다. 물새의 발자국 따라 밀려드는 잔파도, 사랑의 언어를 교감하는 바다, 심해대(深海帶) 바다나리의 가는 뿌리와 등 푸른 물고기 떼가 숨을 내뿜고 있다. 무궁무진한 신비함으로 음악은 주변에서 출렁거린다. 사고에 따라 달라지는 눈빛처럼, 감정의 진폭에 따라 깊어지는 물빛처럼 음악은 삶의 빛깔을 다채롭게 한다.' 그래서 '영원한 신비, 음악에 대한 동경으로 친숙한 음악에 단상을 붙여' 보았고, '명곡을 비늘 한 조각, 파도 한 자락처럼 그려 보았다.'라고 했다. 그렇다면 유혜자에게 바다는 모차르트뿐 아니라 모든 음악이다. 바다여야만 무한한 사랑의 언어로 교감을 하고, 심해대 바다나리의 가는 뿌리와 등 푸른 물고기 떼, 그리고 무궁무진한 신비함이 음악이란 이름으로 존재할 수 있다. 유혜자가 음악을 정의하고 상상하고 그려낼 수 있는 거대한 화폭이 바로 바다인 것이다.

모차르트 피아노협주곡 제27번(Bb장조, k 595)은 피아노협주곡 중 마지막 작품이라 한다. 가난과 외로움에 지친 그가 삶의 실패자로 자신을 인정하는 순간 그 절망은 더욱 컸으리라. 유혜자는 작품에 대한 해설 같은 것보다는 한 예술인이 무엇을 가장 고민했을까. 무엇이 가장 힘들었을까, 그리고 그가 택한 삶의 여진은 어떠했을까를 생각하며 '바다'라는 이미지에 한 예술가의 삶을 담는다. 그것은 어쩌면 파도가 부딪쳐도 끄떡 않는 바위처럼 어떤 센 바람이 몰아치더라도 이겨낼 수 있었더라면 하는 작가의 바람일지도 모른다. 그처럼 유혜자는 작품과 작가의 삶과 그 삶에서 빚어지는 각양의 아픔과 실망과 슬픔이라는 재료들을 통해 또 하나의 맛깔스러운 음식상을 독자에게 선물하는 것이다.

누가 생각해도 문학을 음악으로 표현한다면 쉽게 수긍하겠지만 문학 속에 음악을 담는다는 것은 어렵다고 생각할 것이다. 그러나 유혜자는 자신이 가지고 있는 음악에 대한 많은 지식을 문학이란 명분으로 독자에게 주는 것이 아니라 그런 음악을 만들어 낸 음악가의 생애와 곡을 만드는 것과 관련한 이야기들을 펼쳐 보임으로써 음악의 대로(大路)가 아닌 오솔길에서 만나는 은밀한 기쁨을 주고자 한 것이다.

문학이 무엇인가, 독자에게 명분을 갖는 쾌락을 선물하는 것이 아닌가. 유혜자는 60편의 음악이야기들을 통해 우리 삶을 조명해 보고, 특히 우리가 그냥 주어지는 일상적인 것처럼 듣고 마는 음악들의 고향을 소개하여 전혀 예상치 않았던 것 이상의 맛을 보게 해주고 있다.

총 6부로 나뉘어 60편을 실은 에세이집에서 그는 '빈곤한 언어가 아름다운 음악에 공연한 화장을 시키지 않았는지 걱정된다.'라고 조심스럽게 말한다. 음악의 바다는 무한히 넓은데 지극히 작은 한 부분을 말하면서 장님 코끼리 만지는 식의 이해가 될까 봐 두려워하는 것이다. 그에게 있어서 음악은 무엇에도 비할 수 없는 애정과 동경과 신앙과도 같은 것이기 때문이다.

그렇지만 그는 분명히 자기의 자리로 돌아올 줄을 안다. 그는 수필가이다. 음악의 바다를 글로 표현해야 한다. 이미 6년 전에 해봤던 경험이 있다. 그런데 그 경험이 오히려 그를 더 두렵게 하고 떨리게 한다. 그만큼 음악의 바다는 더 넓다는 것을 더 확실히 알게 된 것이다. 그래서 그는 스스로가 바다에 깊이 빠져 바다의 한 부분이 되어 파도의 출렁댐과 물의 온도를 체감한 대로 '음악읽기'를 시도한다.

〈라인강이 흐르면〉을 읽으면 '슈만'과 '클라라'의 사랑을 아주 잔잔하게 소개한다. 그러나 '슈만이 삼십이 가까워서야 둘만의 조촐한 결혼식을 올린 것' 등 간결한 몇 문장 속에 두 사람의 파란 많은 사랑이야기를 상상케 한다. 그러고는 다시 라인강으로 슈만을 이끌어 간다. '흐르는 강물 앞에서 시간은 하나로 통하고 과거도 미래도 단절되지 않는 의미의 흐름으로 느끼지 않았을까. 환청도 잠시 사라지고 물 위에 아름답고 평안한 미래가 흐르는 듯하여 뛰어들었을 것이다.'

어려서부터 좋아했던 라인강, 그 강에 뛰어들면 그의 지병인 우울증이나 환청도 다 없어질 것 같았을까. 밝고 명랑하게 시작되는 라인 교향곡 또한 자신의 구원처럼 슈만에게 작곡되었던 것은 아닐까.

여하튼 유혜자의 음악에세이는 베토벤의 운명과 맞선 영혼의 투쟁과 승리 그리고 서른한 살의 생애 동안 600여 곡을 남긴 슈베르트와, 영화 《피아니스트》에서 독일 장교를 변화시킨 쇼팽의 《발라드 1번》 이야기를 오늘에 되살려내는가 하면, 어릴 적 역사 시간에 자랑스럽게 배웠던 을지문덕과 이순신의 승리로부터 2002년 월드컵 쾌거의 자랑스러운 모습에 1812년 나폴레옹 군대를 패퇴시킨 러시아인들의 기쁨을 견줘보며 박수의 환호 뒤에 숨어 있는 눈물을 보게 하면서 삶의 양면성을 상기시키는 《차이콥스키의 서곡 1812년》을 다룬 〈박수와 눈물〉까지 우리가 잊고 있고 잃고 있던 순간들을 살아나게 하고 있다. 60여 편의 에세이는 바로 음악의 바다에서 건져 올려보내 준 감동의 문학 편지인 것이다.

3. 본격 테마 수필의 정수

그의 음악에세이는 단순한 음악가나 음악만의 이야기가 아니다. 자신의 삶과 어린 날의 추억과 현실을 어우른다. 그리고 아주 조심스럽게 읽는 이의 마음을 살짝 건드려 그에 동조케 한다. 특히 그는 한 작품을 마무리하면서 자신의 생각을 펼쳐내 놓고는 독자로 하여금 생각할 시간적 여유와 생각거리를 주어 그 작품의 마무리를 독자로 하여금 하게 한다. 그래서 자칫 지식의 나열이거나 내 아는 것을 주입하는 것이 되기 쉬운 위험성을 사전에 배제하고 오히려 독자로 하여금 친근감을 갖게 해 버린다. 말하자면 고도의 회유법인 셈이다. 그러나 독자는 그것을 회유로 보는 게 아니라 아름다운 배려로 받게 된다. 그것이 유혜자의 음악에세이를 성공시킨 기술 유혜자의 창작 기법이랄 수 있을 것이다.

슈베르트가 시냇물을 따라 흘러간 곳은 과연 자신이 〈나의 기도〉에서 추구한 '보다 강력한 경지'인 천국이었을까.

- 〈시냇물 따라〉 중 (35쪽)

기다림 중에서 괴롭고 절실한 것은 떠난 사람을 기다리는 것이리라. … 현실이 고달파도 주님의 사랑을 의지하고 기도하며 아름다운 내세를 기대하는 기독교인의 삶도 사랑의 기다림이 아닐까.

- 〈사랑의 기다림〉 중 (95쪽)

유혜자는 이렇게 독자가 마무리 할 수 있도록 슬쩍 자신의 자리를 떠 버린다. 그러나 이미 자신이 할 말은 다 한 상태다. 독자가 자신의 생각에 동조하지 않을 수 없게 한다. 유혜자는 수필이 다른 장르와 어떻게 달라야 할지를 너무나 잘 알기에 늘 독자의 마음자리를 배려하는 것이다. 그뿐만 아니라 유혜자의 시선은 참으로 따뜻하다. 가능하면 이해해 주려 한다. 아니 무언가 도움이 되어 주지 못해 안타까워한다. 그래서 그의 수필은 정스럽다. 읽는 이는 그의 글 속에 잠기고 싶어진다. 도란도란 밤새 얘기하듯 함께 있고 싶어 하게 한다.

해 질 무렵 석양에 물든 강물은 아름답고 신비하며 환상의 세계로 향하게 한다. 그러나 눈물겹고 위로받고 싶은 시간이기도 하다. 지난날의 어지러운 발자국과 방황의 날개를 접고 깃을 찾는 새처럼 지상에서 사라져간 모차르트의 영혼에 촛불 하나 밝혀주고 싶다.

- 〈해 질 무렵〉 중 (115쪽)

뜨겁고 향긋한 커피 한 잔을 옆에 놓고 브람스의 음악을 들으면 오히려 어떤 위안을 주는 대화보다 더욱 가슴에 스며드는 그 무엇을 느낀다.

- <커피와 브람스> 중 (208쪽)

　　수필이 무언가. 한 사람 영혼을 위해 촛불 하나 밝혀줄 수 있다면 얼마나 위대한가. 유혜자는 자신의 모든 삶이다시피 한 음악에서 얻은 것들을 문학으로 형상화하되 읽는 이의 영혼에 한 자루 촛불을 켜는 심정으로 글을 쓴다. 그리고 뜨겁고 향긋한 커피 한 잔과 함께 수많은 말 대신 흐르는 선율로 가슴에 스며들게 하려 한다.
　　유혜자에게 있어서 음악은 삶이었지만 그 삶의 음악을 다른 사람에게 전하는 작업은 직접적인 음악보다 간접적인 문학이 오히려 전달력을 갖는다고 보았다. 그래서 그는 음악을 휴식과 위안을 주는 숲속의 벤치로 보았다.

　　자신은 고달파도 남에게 활기를 준 슈베르트 그에게 휴식과 위안을 주고 영감이 떠오르게 한 것은 숲속의 벤치가 있었기 때문이다. 예술가가 아니더라도 혼탁한 세상을 살며, 정화해 줄 만한 숲속의 벤치를 꿈꿔본다.

- <숲속의 벤치를 꿈꾸며> 중 (289쪽)

　　유혜자의 수필이 갖는 맛이 여기에 있다. 문학이건 음악이건 인간을 행복하게 하는 것이 목적일진대 이 혼탁한 세상을 살면서 음악과 문학은 다같이 휴식과 위안과 지혜를 주고 정화해 줄 수 있는 숲속의 벤치 같은 것이라는 희망을 차 한 잔의 음악 읽기로 소망해 보는 것이리라.

나가며

유혜자의 말마따나 《차 한 잔의 음악읽기》는 음악의 오솔길에서 은밀한 기쁨을 누리면서 은은한 향기에 취해 볼 수 있는 귀한 책이다. 그래서 나는 책을 덮기 전 목차를 한 번 더 훑어본다.

라인강이 흐르면, 시냇물 따라, 꽃피는 지팡이, 새로운 길을 찾아, 사랑의 기다림, 해 질 무렵, 오솔길에서, 그대 음성에 내 마음 열리고, 좀 더 밝은 빛으로, 이야기 속으로….

그의 수필 제목만을 보면 그게 음악에세이라는 걸 짐작하기도 어렵다. 그는 그렇게 음악과 문학을 독립적이되 둘일 수 없는 것으로 이해하고 또 자신 안에서 존재하게 하려 한다. 그래서 음악으로 살면서 문학—수필—을 만들어가는 아름다운 삶의 새벽을 사는 이라고 말하고 싶다. 음악인이면서 문학인인 그가 둘을 어우르며 참으로 맛깔스러운 한 상으로 차려내 놓은 《차 한 잔의 음악읽기》이야말로 연작형식의 테마 수필이 비교적 많이 등장하고 있는 이때 문학의 품격을 드높이면서 폭넓은 주제와 소재를 어우르는 테마 수필을 어떻게 써야 할 것인가를 보여주는 귀한 텍스트가 아닐까 싶다. 그의 끊임없는 이러한 시도가 바로 문학의 발전을 이루어내는 것이 아니겠는가. 벌써부터 '음악에세이 3'이 기다려진다.

[격월간 『수필과 비평』 2004. 11~12월호]

유혜자 수필집
오빠 생각과 아욱국